COLONEL A. CER[F]

LA GUERRE AUX FRONTIÈRES DU JURA

PAYOT & CIE

Sixième mille.

LA GUERRE
AUX FRONTIÈRES DU JURA

DU MÊME AUTEUR

Capitaine A. CERF : **Chansonnier militaire**.....   fr. **1.80**

(Foetisch frères S. A. Lausanne)

COLONEL A. CERF

LA GUERRE AUX FRONTIÈRES DU JURA

Avec 42 illustrations
dont 29 en hors-texte et 9 cartes

LIBRAIRIE PAYOT & Cie
LAUSANNE - GENÈVE - NEUCHATEL
VEVEY - MONTREUX - BERNE

1930
Tous droits réservés

Premier tirage décembre 1929.
Deuxième tirage décembre 1929.
Troisième tirage janvier 1930.

PREFACE

Ce livre apporte une heureuse contribution à notre histoire militaire et met la guerre, qui frôla nos frontières, à la portée de tous.

L'auteur dépeint avec impartialité et un grand souci d'exactitude les événements qui se déroulèrent à nos portes. Il en analyse les causes, en commente les conséquences avec la clairvoyance du soldat et la sagacité de l'historien.

Bien qu'il traite beaucoup de questions sans les approfondir toutes, il en souligne la complexité et l'interdépendance, tout en cherchant à expliquer le pourquoi des choses. Il n'a pas la prétention de résoudre le problème, mais il fait toucher du doigt les difficultés.

A côté des sources historiques, nous y trouvons des sources originales, des témoignages personnels. L'histoire n'est pas enclose tout entière dans les archives, elle se ramène toujours à l'action de quelques individus. Une part de la vérité : l'atmosphère, la couleur des choses, l'émotion qu'elles dégageaient ne sont pas dans la poussière des paperasses. Un peu de cette atmosphère de 1914-1918 passe dans ces pages. Elles évoquent nos souvenirs de l'occupation des frontières, et nos soldats, mes camarades jurassiens en particulier, y trouveront toutes vivantes nos impressions de 1914 : les longs mois de garde l'arme au pied, l'attente émouvante des événements.

Un tableau d'ensemble, une synthèse de ces événements, demandaient à être établis. Tout citoyen doit être renseigné sur les choses militaires. La défense nationale comporte pour chacun des devoirs sacrés et exige la participation de tous, intellectuelle et morale aussi bien que physique. « L'armée, ce grand corps, ne saurait être séparée du grand corps de la nation », a-t-on dit avec raison.

L'étude du colonel Cerf vient à son heure. L'antimilitarisme, bien qu'il n'ait aucune raison d'être chez nous, a fourbi ses armes et passé à l'attaque. — Le patriotisme doit préparer les siennes et repousser l'assaut.

A ceux qui contestent à l'armée son utilité, ce livre oppose le langage des faits. Il met en lumière les dangers que la Suisse a courus et démontre magistralement le rôle capital que joua l'armée de 1914 à 1918 pour assurer la paix à notre pays. A nos concitoyens il fera comprendre que toutes les nations dépendent les unes des autres et que notre Confédération ne peut rester à l'écart des grands conflits mondiaux.

Je souhaite que l'ouvrage du colonel Cerf pénètre dans tous les milieux. Par son fond et par sa forme, il mérite de retenir l'attention de nombreux lecteurs. — Quant à nos soldats qui ont vécu le drame qu'il évoque, ils sauront apprécier ce document historique, témoignage de leur fidélité au drapeau. — Pour eux, ce livre constituera un précieux souvenir ; pour leurs successeurs, une incomparable leçon de choses.

Col.-div. GUISAN,

Commandant la 2e division.

Q. G. Colombier, août 1929.

AVANT-PROPOS

Ne vous est-il jamais arrivé d'être témoin d'un drame poignant, accident, incendie, meurtre, dont les péripéties se déroulaient sous vos yeux sans que vous pussiez intervenir ?

Sinon, au récit de certain conte effrayant, genre Edgar Poë, vous aurez ressenti en imagination les transes du personnage qui assiste, impuissant, paralysé, à l'accomplissement d'un horrible forfait dans son entourage.

Là, dans cette maison, derrière cette paroi, tout près de vous, peut-être, des êtres chers appellent, gémissent, souffrent, meurent... et vous ne pouvez leur porter secours !... Situation affolante s'il en est !

Eh bien, cela, cet état d'âme angoissant, nous l'avons connu en Suisse, au mois d'août 1914. Un drame terrible s'est joué à nos portes. Rivés à la frontière, nous, soldats, avons entendu le grondement du canon et le crépitement de la fusillade. Nous avons entrevu la fumée des incendies, les dégâts, les tueries qui désolèrent l'Alsace, notre infortunée voisine. Pour avoir perçu vaguement ces choses redoutables, tous nous gardions le désir de savoir, un jour, ce qui s'est passé en réalité de l'autre côté de la frontière alsacienne si longtemps mystérieuse.

Reconstituer ces choses, les faire revivre devant nos yeux pour les mieux comprendre, tel est un des buts de ce travail.

Il y en a un autre.

L'Armée suisse a participé à ce drame gigantesque. Par son existence autant que par son attitude résolue, elle a barré la route au fléau qui menaçait de s'étendre chez nous.

Aujourd'hui, ses ennemis lui contestent âprement ce mérite. Ce n'est pas très loyal, mais qu'importe ! « Passato il pericolo, gabbato il santo » (1), dit malicieusement un proverbe italien. — A quoi bon discuter, polémiser. Mieux vaut faire appel au langage des faits. A eux de nous prouver si, oui ou non, notre Armée a joué un rôle providentiel dans la sauvegarde du territoire suisse. Puisse leur témoignage, trop peu connu, atteindre tous ceux de nos concitoyens qui, trompés par les sophismes d'une propagande néfaste, doutent encore de la nécessité de notre défense nationale.

Mais l'avenir nous réserve des surprises. Nous ne devons donc pas méconnaître les enseignements du passé. Il y en a dans les événements qui composent le drame alsacien. A ce propos, l'attaché militaire français à Berne, M. le lieutenant-colonel Vallée, m'écrivait : « Ces combats de 1914 en Alsace ne sont

(1) Quand le péril est loin, on se moque du saint.

pas brillants ni d'un côté ni de l'autre. Ils n'en présentent pas moins un très grand intérêt : au début d'une campagne, on verrait des choses analogues. »

On les aurait vues chez nous si la moindre défaillance nous avait entraînés dans la mêlée. Entre le Mont Terrible et les Vosges, le terrain est pareil au nôtre. Le Sundgau s'appelle aussi Jura alsacien. Et l'Ajoie, ne l'oublions pas, appartient géographiquement à la Trouée de Belfort, route classique des grandes invasions. Les combats qui se sont livrés en Haute-Alsace peuvent donc donner matière à de suggestives comparaisons. A nous d'en faire notre profit.

Pour en établir la genèse, j'ai puisé aux meilleures sources. Les documents officiels sont actuellement connus. On les trouve dans les ouvrages classiques, en cours de publication, des Etats-majors rivaux.

Du côté allemand : « Der Weltkrieg — Bearbeitet im Reichsarchiv. » Chez les Français : « Les Armées françaises dans la grande guerre — Annexes — Ministère de la Guerre. »

D'autre part, les « Historiques » des régiments français et allemands qui ont opéré en Alsace fournissent d'abondants matériaux. En plus des renseignements recueillis sur place, j'ai invoqué les témoignages de nombreux combattants. Plusieurs d'entre eux, parmi lesquels des généraux commandant des unités en Alsace, ont bien voulu me donner des détails de première main. Je les en remercie encore ici. Ces documents, récits, témoignages multiples, et souvent opposés, m'ont permis, avec ce que j'ai vu, de reconstituer dès leur origine les événements qui, sous le nom de « Campagne d'Alsace », se sont déroulés à notre frontière nord au mois d'août 1914.

Certes, dans cet exposé, des lacunes subsistent, des erreurs de détail aussi, sans doute, mais l'essentiel y est.

Inutile de dire que, en ma qualité de témoin neutre et désintéressé, j'ai cherché avant tout à être objectif et impartial. Mon opinion est basée uniquement sur la réalité des faits. Quant à la critique, me souvenant d'un conseil de Montluc, je l'ai laissée, autant que faire se peut, « pour ceux qui y étaient ».

D'aucuns m'en voudront peut-être de ne pas trouver dans ces pages une apologie de l'un ou de l'autre des belligérants. En matière d'apologie, je n'ai voulu faire que celle de la vérité. Si le lecteur veut bien me reconnaître ce mérite, je n'aurai pas perdu mon temps.

La Guerre
aux Frontières du Jura

La Trouée de Belfort et la Haute-Alsace.

La région comprise entre Mulhouse, Bâle, Montbéliard et Belfort est une large dépression formée par les contreforts du S. des Vosges et le versant N. des chaines du Jura. Le canal du Rhône au Rhin constitue, de Montbéliard à Mulhouse, la diagonale de ce quadrilatère. L'ancienne frontière franco-allemande marquait approximativement la ligne de partage des eaux et des langues.

Entre les Vosges et le Mont-Terrible, la Trouée mesure environ 45 km., dont 13 appartiennnent au territoire suisse (Ajoie). Trop étroit pour une offensive de grande envergure, le terrain coupé et boisé se prête bien à la défensive. Une armée importante ne peut s'engager ni manœuvrer dans ce couloir sans être en possession des hauteurs qui le dominent, c'est-à-dire des sommets des Vosges du Sud et de la célèbre position des Rangiers qui appartient à la chaine du Mont-Terrible.

Avant la guerre, les deux issues étaient barrées, à l'ouest par l'ensemble des forts de la place de Belfort, les deux ouvrages de La Chaux et du Mont-Bard autour de Montbéliard, le fort du Lomont sur la montagne du même nom ; à l'est, par la forteresse d'Istein, les têtes de pont d'Hüningue et de Chalampé-Neuenbourg, face à Mulhouse.

Voie naturelle des grandes migrations de peuples, la « Porte des Gaules » a, de tout temps, servi de passage et de champ de bataille à d'innombrables armées.

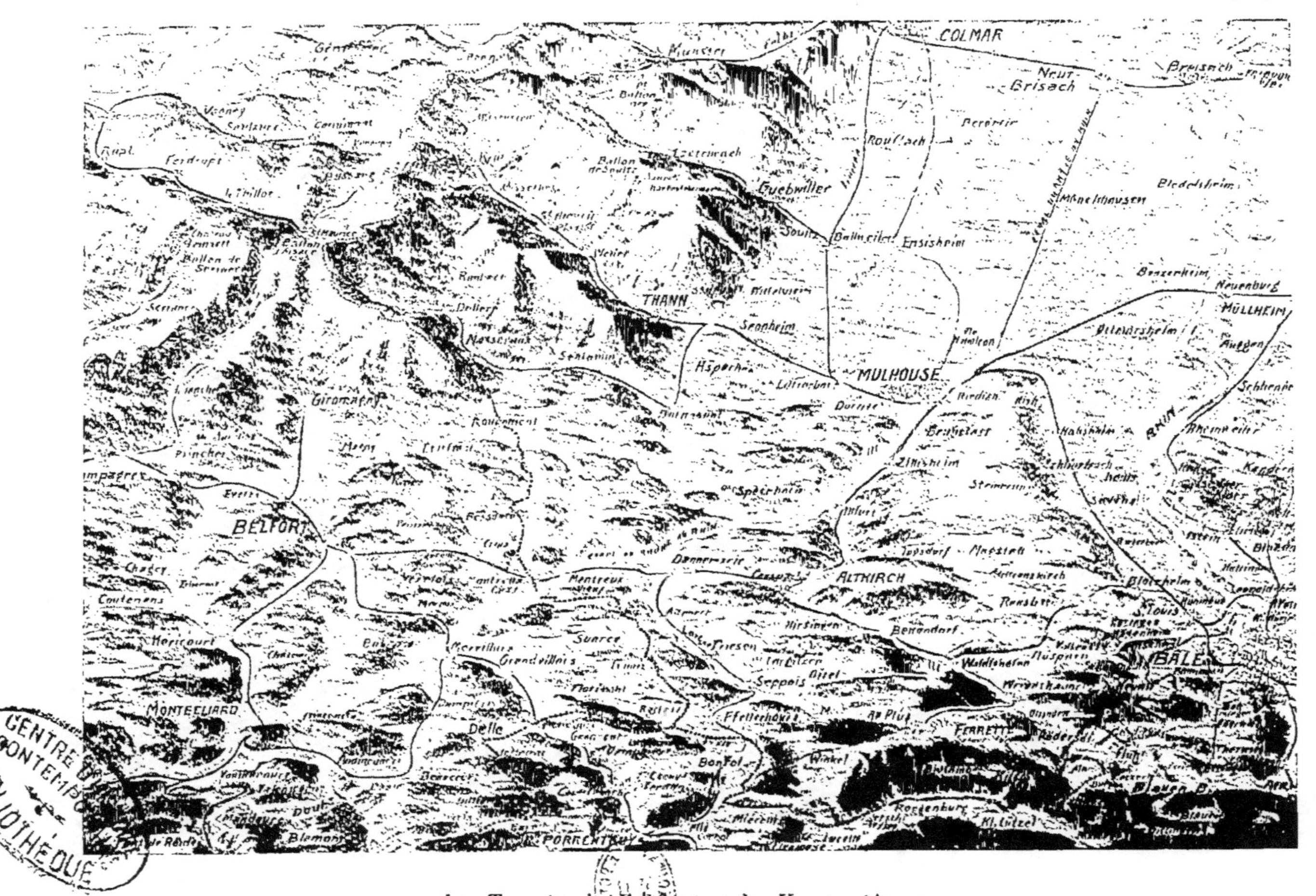

La Trouée de Belfort et la Haute-Alsace

CHAPITRE I

AVEC L'ARMÉE SUISSE

L'alerte du 8 août 1914.

Dans la nuit du vendredi 7 au samedi 8 août 1914, la 2e Division — dont je faisais partie —, en position d'attente au sud du Jura bernois, était alertée et gagnait la frontière alsacienne.

En même temps, le gros de l'Armée venait rapidement, de toutes les régions de la Suisse, se masser, face au nord, dans l'angle nord-ouest de notre territoire.

Que se passait-il donc en Alsace ?

Essayons d'éclaircir ce mystère.

. . . .

A l'aube du même vendredi 7 août, l'extrême droite de l'Armée française, appuyée en Alsace à la frontière suisse, se mettait en mouvement, bousculait les avant-postes allemands et marchait sur Mulhouse.

Trois jours auparavant, à l'autre bout de la barricade, l'avant-garde de l'Armée allemande, appuyée vers Aix-la-Chapelle à la Hollande, refoulait la couverture belge et fonçait sur Liége, au grand émoi de tous ceux qui, malgré l'expérience du Luxembourg, croyaient encore à la vertu des neutralités.

Sur le reste du front, par contre, entre les deux pôles de la barrière franco-allemande hermétiquement close, rien ne bougeait.

Les Français allaient-ils tourner l'Allemagne par le Sud tandis que celle-ci les menaçait par le Nord ?

Telle était la question que dut se poser soudain le général Wille, chargé de choisir, à Berne, dans l'assortiment des plans de l'Etat-major général, la variante N. ou W. qui déclancherait la concentration de l'Armée suisse sur le front le plus exposé.

Question urgente, on le conçoit, et dont la solution intéressait grandement notre sécurité. Celle-ci, en attendant, était assurée, grosso modo, par le Landsturm qui, depuis le 1er août, bordait la frontière d'un long et mince cordon de couverture.

Sous cette égide fragile, l'Elite et la Landwehr avaient gagné, le mardi 4 août, leurs places de mobilisation et, dès lors, stationnaient à proximité de ces places.

A peine équipées, deux brigades de cavalerie furent expédiées en toute hâte aux confins de l'Ajoie et de l'Alsace, où déjà les patrouilles de cavalerie adverses jouaient à cache-cache sans beaucoup d'égards pour notre territoire. Quant à notre infanterie, aussitôt que ses troupes furent « prêtes à marcher », elles passèrent à l'entraînement qui débuta par une fiévreuse reprise en main. Les chefs subalternes, désorientés par les gros effectifs de guerre, cherchaient avant tout à se familiariser avec leurs unités alourdies, à les assouplir pour en faire un instrument répondant aux premières exigences du service actif.

Je commandais alors la compagnie II/22 qui cantonnait au Fuet, petit village aux environs de Tavannes, où stationnait notre régiment. Au programme, les exercices de combat alternaient, depuis deux jours, avec les tirs d'essai destinés à persuader nos soldats de l'excellence du nouveau fusil qu'on venait de leur remettre. Conformément aux ordres, la compagnie se couvrait de nuit par des gardes extérieures de cantonnement, à l'arme chargée. En outre, elle poussait des patrouilles de liaison à travers le Plateau des Franches-Montagnes, jusque dans les parages du Doubs occupés par le Landsturm.

Prescriptions et ordres sensationnels affluaient : couvrir les képis, noircir les boutons, aiguiser les sabres et baïonnettes, etc. etc. Les bruits les plus fantastiques circulaient et trouvaient créance. On s'attendait à tous les événements, à toutes les aventures !... Aussi, personne ne fut surpris quand, dans la nuit du 7 au 8 août, une alerte provoqua le branle-bas de la Division. L'ordre téléphoné à deux heures du matin, portait : « Votre compagnie rejoint immédiatement le bataillon qui s'encolonne à 4 h. 30 dans le régiment, à Reconvilier, pour gagner la frontière. »

En un clin d'œil, sacs et chars sont paquetés, les cantonnements évacués. Puis, le chocolat touché, la compagnie prête : En route ! Le « Roulez tambours pour couvrir la frontière » jaillit spontanément des poitrines de mes 200 lascars. Leurs voix mâles vibrent étrangement dans cette belle fin de nuit d'août, sous ce ciel pur, encore tout parsemé d'étoiles, où la lune dessine un grand croissant.

Bientôt le chant s'achève ; la cadence est rompue. Au loin, des lumières vacillent. Un chien aboie. Les coqs se répondent. Des troupes en marche, monte une rumeur sourde, étrange, mystérieuse... comme l'avenir !...

A Reconvilier, après avoir chargé ses sacs sur wagon, notre bataillon s'intercale dans la colonne de toutes armes qui s'allonge jusqu'à Pierre-Pertuis. Devant elle, un escadron de guides et une compagnie d'infanterie couvrent le rassemblement.

Un ordre passe : « Les officiers en tête du régiment ! »

Ici, orientation et distribution d'ordres. Je transcris fidèlement :

« Un engagement entre troupes françaises et allemandes a eu lieu au nord de Pfetterhausen. Jusqu'à présent, la frontière suisse a été respectée !

L'Armée suisse se porte vers le nord pour couvrir la frontière. La 2e Division occupera le secteur compris entre le Blauenberg et le ravin à l'est de Pleigne.

Le R. J. 9 renforcé marche par Court, Moutier, Delémont pour gagner les emplacements qui lui seront désignés ultérieurement.

A notre droite, la Br. J. 6 passe le Weissenstein ; derrière nous, le R. J. 10 et la Br. J. 4 suivent de près.

L'escadron de guides a pris de l'avance et, par Moutier, se porte à Courrendlin où il assurera la sortie du défilé des gorges.

Le R. J. 9 détache une compagnie d'avant-garde fournie par le bataillon 24. Le gros suit dans l'ordre : Bat. 24 (— 1 Cp), bat. 22, bat. 21 (— 1 Cp), échelon de combat, groupe art. 6., 1 Cp. du bat. 21. — Trains.

La tête du gros passera la lisière est de Reconvilier à 5 h. 30

Fanfares en queue des bataillons. Interdiction de jouer et de chanter ! »

— Diantre ! que signifie ce luxe de précautions ? Contrairement à ce qu'on nous annonce, la Suisse serait-elle envahie ?... Rencontrerons-nous l'ennemi dans la journée ? Mais quel ennemi ?...

Les officiers échangent ces réflexions en regagnant leurs postes. Au coup de sifflet, la longue colonne se met en mouvement dans la formation classique : pointe, avant-garde, gros, avec distances strictement réglementaires. Elle serpente silencieusement, le long de la Birse, sur la grand'route qui, du val de Tavannes, s'engage dans les défilés de Court et de Moutier, en direction de Delémont. De temps en temps, sur la voie ferrée qui côtoie la rivière et la route, un train bondé de troupes de la 3e Division nous dépasse. Aux fenêtres des wagons, des grappes d'hommes gesticulent, chantent ou saluent joyeusement. — En voilà qui ne connaissent certes pas l'interdiction de chanter !...

Dans les villages que nous traversons, la population se presse de chaque côté du chemin, accueillante, sympathique, visiblement émue. Des femmes pleurent. On sent que tous les cœurs vibrent à l'unisson, dans un même sentiment de foi patriotique. Que pesaient alors les arguments des démolisseurs de notre Armée ?

Pour avoir vécu ces heures émouvantes, je n'ai jamais douté et ne douterai jamais du bon sens de notre peuple, de sa claire vision des réalités, qui le préservera des maux qu'entraîneraient chez nous la veulerie et la désertion qu'on lui prêche aujourd'hui.

La 3ᵉ halte horaire nous arrête à l'entrée de Moutier, localité où se recrutaient bon nombre de soldats de mon bataillon. Une foule de femmes, d'enfants, de parents, d'amis accourent, s'empressent autour des faisceaux. — « Savez-vous la nouvelle ? La France a donné 48 heures à la Suisse pour laisser passer ses troupes ! C'est affiché au « Petit Jurassien ». Hélas ! nous aurons aussi la guerre ! Quel malheur ! »

Tout le monde est atterré ! — La France ? Est-ce possible ? Voilà donc le secret de l'alarme de cette nuit, des grands déplacements de troupes, des mesures de sûreté extraordinaires !...

— Le coup de sifflet du départ vient mettre fin aux manifestations larmoyantes, aux recommandations et aux adieux touchants.

« Attention, garde-à-vous à gauche, le divisionnaire est là !... »

En effet, deux cents mètres plus loin, nous défilons crânement devant le commandant de division entouré de son Etat-major. Le glabre visage de sphinx du colonel de Loys est plus impénétrable que jamais !...

Passé Moutier, la marche « à volonté » reprend, et avec elle, les questions fiévreuses, les commentaires les plus abracadabrants : « Y crois-tu, toi, à cette histoire d'ultimatum français ? — Pourquoi pas ? L'Allemagne a bien envahi la Belgique ! La France, à son tour, se défend en passant par la Suisse. — La France ? Jamais ! — Alors pourquoi l'alarme de cette nuit, les Bernois qui « rappliquent » vers les Rangiers, et tout ce fourbi de défenses et de précautions ? »

Que répondre ? Aussi, malgré les raisonnements des sceptiques, les plaisanteries des bravaches et des loustics, les dénégations ou les haussements d'épaules des officiers, un doute persiste, un malaise plane. Chacun réfléchit. L'imagination travaille. Des possibilités dramatiques se précisent... Certes, tous sont bien résolus à faire leur devoir, à lutter vaillamment contre l'envahisseur quel qu'il soit ; mais que d'amertume dans le cœur de ceux qui voient chez nos voisins d'ouest de loyaux défenseurs du droit et de la parole donnée ! Et le silence impressionnant qui finit par envelopper la colonne n'est pas dû uniquement, croyez-moi, à la fatigue qui crispe les muscles, endolorit les pieds, à la chaleur torride qui martèle les têtes et dessèche les gosiers...

— Ah ! ils s'en souviendront du samedi 8 août 1914 nos fantassins qui ont participé à la marche Moutier-Delémont du 9e régiment renforcé !...

Sur ces entrefaites, le régiment est arrivé, vers midi, à proximité de Delémont et s'arrête pour toucher le « Spatz ». De nombreux curieux s'approchent du bivouac. Interrogés, ils ne savent rien de la sensationnelle nouvelle rapportée de Moutier. Des renseignements pris à bonne source démontrent qu'il s'agit d'un monstrueux canard ! Du coup le moral remonte de quelques degrés. D'ailleurs, la situation s'est éclaircie. Le gros des troupes cantonnera à Delémont, tandis qu'une avant-garde se portera, ce soir encore, dans le secteur frontière de Movelier qu'occupera demain le régiment.

Fausses nouvelles et fausses manœuvres.

Avant de reprendre la marche du régiment, ouvrons une parenthèse pour y commenter les incidents de la journée.

Si j'ai insisté complaisamment sur l'incident de Moutier, c'est pour montrer quelle influence pernicieuse pouvait avoir, dans tous les milieux, l'essaim de fausses nouvelles qui s'envolait chaque jour des nombreuses officines de propagande et d'espionnage installées alors sur notre territoire. Quel était leur but ? On le devine : brouiller les cartes, exciter l'opinion publique, provoquer des incidents fâcheux, etc., etc. Il y aurait beaucoup de choses louches à révéler dans ce domaine encore mystérieux. D'où provenait, par exemple, la perfide histoire de l'ultimatum français ? Je l'ignore. Un fait certain, c'est qu'elle se colportait alors dans les rues de Berne. Un correspondant de cette ville écrit, en date du 13 août, au Démocrate (de Delémont) : « Vous savez certainement que samedi et dimanche derniers, le bruit courait à Berne que la France avait envoyé un ultimatum à la Suisse. Qui a inventé cette infamie ? Nous ne savons !... »

A ce même sujet, le colonel Feyler s'est exprimé comme suit dans la Revue militaire suisse : « Au mois d'Août 1914, on s'est beaucoup inquiété, dans certains milieux suisses-allemands, d'une invasion française. Ce fut l'effet, probablement, d'une idée préconçue, encouragée, plus probablement encore par la propagande allemande. Si l'une des deux armées avait un intérêt à ne pas procurer un supplément d'effectif à l'autre, c'était bien l'Armée française numériquement inférieure. » (R. M. S. I. 1920)

La suite du récit confirmera cette incontestable vérité. En attendant, doit-on admettre que ces faux bruits aient eu quelque influence sur la concentration de l'armée suisse ?

Ont-ils, par exemple, provoqué les grands déplacements de troupes effectués hâtivement à cette époque ? Nullement ; notre Etat-Major général, bien renseigné sans doute, avait pour agir des motifs autrement sérieux auxquels les événements d'Alsace n'étaient pas étrangers.

C'est pourquoi, tout en comprenant l'alerte de la 2e Division dans la nuit du 7 au 8 août, on ne peut s'expliquer les mesures de précaution et les défenses puériles qui singularisèrent la marche Reconvilier-Delémont du 9e Régiment.

Passe encore d'exagérer les mesures de sûreté,

mais interdire de chanter et de jouer à plus de 20 km. de la frontière !... Et l'interdiction dura... des jours ! — Longues étapes sans chant, cultes militaires sans musique : souvenirs sans joie. Pourtant, si jamais occasions se présentèrent de regaillardir nos troupiers, de faire vibrer leurs cœurs aux accents de nos plus belles mélodies patriotiques, ce fut bien alors ! Peccadilles ou fausses manœuvres psychologiques ? N'importe. Constatons qu'avec d'autres erreurs de même nature, elles n'ont certes pas facilité la tâche des chefs, désireux d'entretenir dans leur unité l'entrain réjouissant, le « feu sacré » que manifestèrent nos soldats au début du service actif.

Il eût mieux valu peut-être ne pas relever ces maladresses oubliées, si leurs conséquences, archi-connues, n'avaient longtemps porté préjudice à notre Armée. Pour le bien de celle-ci, espérons qu'elle ne les connaîtra plus !

Pour couvrir la frontiére !

Mais revenons au gros de notre Régiment que nous avons laissé, le samedi soir 8 août, au cantonnement de Delémont. Le lendemain, dimanche, jour le plus chaud de l'année 1914, paraît-il, sa colonne grimpait la côte de Movelier. Les fantassins sanglés dans leur épaisse tunique, chargés du paquetage complet alourdi de 120 cartouches, comme l'attelage de la fable : « suaient, soufflaient, étaient rendus. » Néanmoins, malgré l'interdiction de chanter

et de jouer qui subsistait, la bonne humeur régnait :
on approchait du but, de la frontière !

L'après-midi, nous relevions le Landsturm dans
notre secteur de couverture. Ma compagnie avait
la chance d'occuper le pittoresque vallon ou ravin
de Bavelier, dont l'issue nord est barrée par la
frontière. Celle-ci se confond avec la Lucelle, petite
rivière que longe par sa rive gauche une route dite
internationale.

— Enfin nous y voilà sur cette mystérieuse frontière alsacienne qui, pendant des mois et des mois,
fascinera les milliers de soldats qui la garderont !
Elle est silencieuse aujourd'hui, absolument déserte.
Les landsturmiens racontent que les sentinelles allemandes ont disparu, hier, comme par enchantement. Ils prétendent même avoir vu, peu après, des
cavaliers français. Devant nous, hélas ! l'énorme
masse boisée du Glaserberg nous empêche de sonder
les lointains de la vallée de l'Ill, où nous savons
«qu'il se passe quelque chose.» En effet, vers 4 h., un
sourd grondement se fait entendre, roule, s'intensi-
fie, se répercute lugubrement. Ce sont les canons
d'Istein et de Mulhouse qui entrent en danse, marquant ainsi le début de la meurtrière bataille dont
les remous menacent d'atteindre notre frontière...

Avant de franchir celle-ci pour assister au gigantesque duel, jetons encore un regard en arrière, sur
notre pays.

L'Armée suisse presque entière est en train de
se concentrer, nous l'avons vu, dans l'angle N. O.

de notre territoire. Son 1ᵉʳ échelon, de Porrentruy à Bâle, comprend : 2 brigades de cavalerie en Ajoie, la 3ᵉ Division aux Rangiers, la 2ᵉ à sa droite, la 4ᵉ autour de Bâle.

En second échelon, au pied du Jura, dans le secteur Morat-Berne-Soleure, les 1ʳᵉ, 5ᵉ et 6ᵉ Divisions sont prêtes à manœuvrer pour se porter, en cas de danger, sur le point menacé.

Partout on travaille, on s'entraîne, on s'aguerrit. Le Mont Terrible et ses ramifications se hérissent d'abatis, de tranchées, de fil de fer barbelé. Désormais la Suisse peut se tranquilliser : 220.000 de ses fils montent une garde vigilante à ses frontières, fermement résolus à défendre jusqu'à la mort l'indépendance et la neutralité de leur pays contre toutes les entreprises :

— Et nous, soldats, pénétrés de la grandeur de notre mission, nous sommes fiers de redire avec l'auteur du : Roulez, tambours :

« *Oui, nous veillons sur toi, Patrie :* »
« *Rempart vivant, nous te couvrons...* »

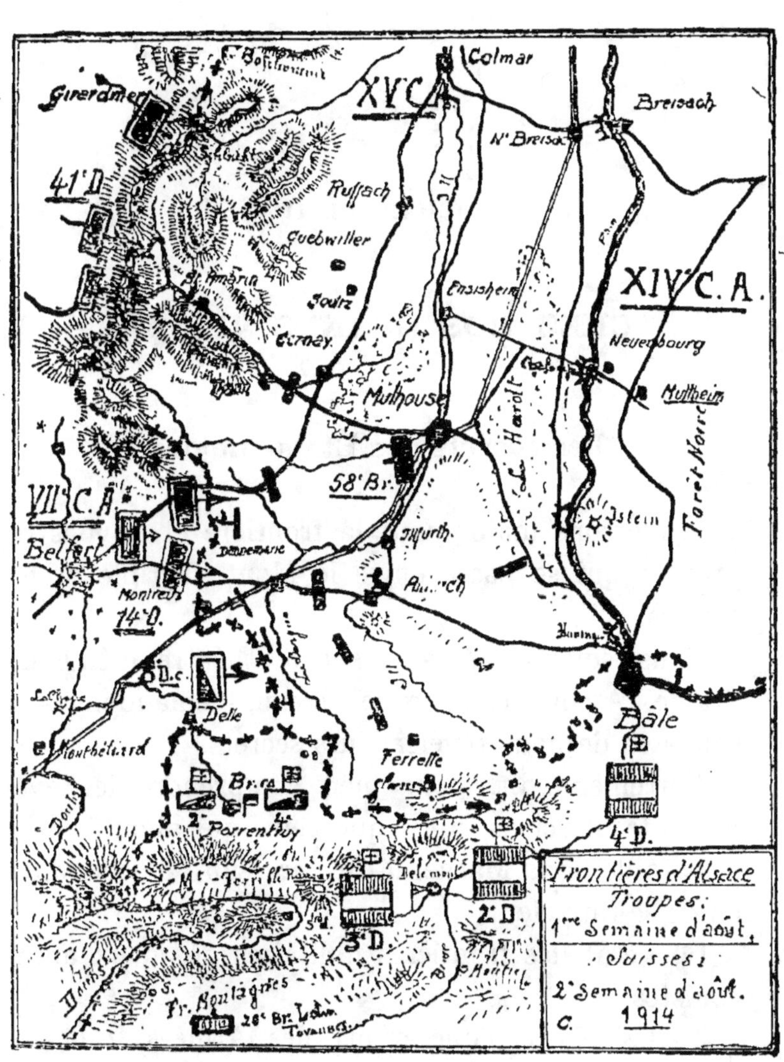

Gerardmer
41°D
VII°C.A.
Belfort
Montreux
14°D
La Chaux
Montbéliard
Doubs
Delle
2° Porrentruy
Br.ca
Mt Terrible
3°D
Fr. Montagnes
28° Br. Land.
Tavannes
XV°C.A.
Colmar
Bofhenim
Ruffach
Guebwiller
St Amarin
Soultz
Cernay
Ensisheim
Mulhouse
58° Br.
Thurth
Altkirch
Ferrette
Delle mont
2°D
Breisach
N. Breisach
XIV°C.A.
Neuenbourg
Müllheim
Forêt-Noire
Istein
Huningue
Bâle
4°D
Frontières d'Alsace
Troupes:
1re Semaine d'août.
Suisses:
2e Semaine d'août.
C. 1914

CHAPITRE II

CHEZ NOS GRANDS VOISINS

Les secrets des États-majors.

Traversons maintenant la frontière et voyons de près ce qui se passe entre le Mont Terrible et les Vosges.

Nous voici en Alsace, sur le théâtre même du drame. Avant de lever le rideau, demandons aux coulisses de nous révéler leurs secrets.

Autrement dit, pour bien comprendre les événements alsaciens, ainsi que ceux qui aboutiront à la bataille de la Marne, il est nécessaire de connaître ou de se rappeler :

1°) l'état des frontières militaires des deux antagonistes ;

2°) les plans d'opérations des Armées française et allemande, préparés de longue main par les deux grands Etats-majors rivaux.

La frontière militaire française. Après la guerre

franco-allemande de 1870-71, le traité de Francfort reporta la frontière française des bords du Rhin au sommet des Vosges. La France, amputée de l'Alsace et de la Lorraine, se hâta de boucher la brèche par un puissant réseau de fortifications. Quatre places fortes de 1er ordre : Belfort, Epinal, Toul et Verdun, reliées 2 à 2 par un chapelet de forts formant barrage, jalonnèrent le front principal appuyé aux territoires des deux Etats neutres. Entre les deux barrages Belfort-Epinal et Toul-Verdun, une ouverture avait été ménagée : la Trouée de Charmes, destinée à canaliser l'invasion éventuelle. Aux ailes également, deux passages plus rétrécis : la Trouée de Belfort et la Trouée des Ardennes ou de Stenay. Derrière ce front solide, les villes fortifiées de Laon, la Fère, Reims et Langres constituaient un 2e rideau défensif de moindre valeur. Il en était de même au Nord des places fortes de Maubeuge et Lille, face à la Belgique, et de celles de Besançon et de Dijon, au Sud, face à la Suisse.

Les fortifications françaises étaient destinées à couvrir la concentration de l'Armée et à lui servir de points d'appui en vue de ses opérations ultérieures. Par suite de préjugés sur la valeur des fortifications, et surtout du manque de fonds, leur entretien laissait à désirer. En 1914, beaucoup ne répondaient plus aux exigences modernes. La plupart des places fortes de 2e ligne avaient été déclassées et même abandonnées.

La frontière militaire allemande appuyait au

territoire français l'éperon offensif et défensif Metz-Thionville. Cette vaste région formidablement organisée et dénommée : « Moselstellung » passait pour être le centre de résistance le plus puissant du monde entier.

Plus au Sud et en arrière, un autre barrage solide, comprenant la place forte de Strasbourg et la forteresse, dite Empereur-Guillaume, de Molsheim, commandait les débouchés de la Forêt Noire et la plaine d'Alsace. Entre les deux, la trouée des Vosges, vraie souricière avec deux couloirs devenus depuis lors tristement célèbres : Morhange et Sarrebourg. En seconde ligne, la barrière du Rhin renforcée du haut en bas par une chaîne de forts et de têtes de pont : Hüningue, Istein, Mülheim-Chalampé, Brisach, Strasbourg, Rastadt, Germersheim et les grandes villes fortes rhénanes du Nord.

A l'exception de ces dernières, les places fortes allemandes étaient pourvues des installations les plus perfectionnées.

Les frontières neutralisées. Aux extrémités de ces frontières, trois Etats neutres : la Belgique, le Luxembourg et la Suisse, se croyaient protégés par des traités internationaux. Néanmoins, la Belgique avait renforcé ses garanties par la construction de trois places fortes : Liège, Namur et Anvers, sur lesquelles s'appuyait sa petite armée (118.000 h.).

Quant à la Suisse, instruite par son histoire, elle aussi avait pris ses précautions.

Consciente de ses droits et de ses devoirs, des avan-

Sur la Lucelle.

Le long de la frontière d'Alsace.

tages et des risques de sa position stratégique, elle comptait avant tout sur la bravoure traditionnelle de ses soldats, sur l'habileté de ses tireurs, sur le dévouement absolu de tous ses enfants.

Les plans d'opérations.

Chacun sait que la tâche essentielle des Etats-majors de toutes les armées du monde consiste à élaborer d'avance des plans d'opérations, destinés à parer à toutes les éventualités qu'amène une déclaration de guerre. Le plan de concentration et d'opérations d'une armée moderne est une machine compliquée, aux rouages multiples et secrets, qui nécessite de fréquentes retouches et une incessante mise à jour.

En 1914, le plan stratégique qui déclancha et régit la marche de l'armée allemande contre les armées française et russe est connu sous le nom de :

Plan Schlieffen-Moltke (Schlieffen-Plan). Comme son nom l'indique, il est l'œuvre du général von Schlieffen, ancien chef du Grand-Etat-major allemand. Tablant sur une coalition franco-russe, ce dernier projeta d'écraser d'abord l'armée française pour se porter ensuite, toutes forces réunies, à la rencontre de l'armée russe plus lente à se mouvoir. L'exécution de ce projet présentait trois variantes contre la France : 1.) Une attaque frontale ; 2.) une attaque débordante et enveloppante par la Suisse; 3.) la même par la Belgique.

La première semble avoir eu d'abord les faveurs de l'Etat-major allemand, comme en témoigne la construction, à la fin du xixᵉ siècle, d'innombrables quais stratégiques en Alsace et en Lorraine. Maints critiques prétendent que cette solution aurait infailliblement procuré la victoire à l'Allemagne (1). C'est possible. Quoi qu'il en soit, on y renonça pour revenir à l'enveloppement des ailes, tactique chère à tous les stratèges allemands.

Mais, où passer ? Par la Belgique ou par la Suisse ? Cruelle énigme. La crainte de l'Angleterre couvrait la Belgique, mais la Suisse ?... « Il n'est pas douteux, écrit un diplomate français bien renseigné, que cette raison inquiéta quelque temps l'empereur allemand... Il pensa tourner l'obstacle de la Lorraine par la Suisse. La neutralité perpétuelle du « Corps helvétique » n'est pas moins garantie par les traités (30 mai 1814-20 mars 1815) que celle de la Belgique ; mais la Suisse n'est pas, comme la Belgique, une création de l'Angleterre. Il tâta lui-même le terrain. Romande ou allemande, la Suisse défendrait son territoire contre quiconque oserait l'attaquer. Elle avait une armée, très bien exercée, de 200.000 hommes, tireurs et artilleurs excellents, et, derrière cette armée, tout un peuple. L'Italie commençait à se détacher de la Triplice, elle ne franchirait pas les Alpes. Il revint au plan belge. » (Joseph Reinach : La guerre sur le front occidental).

(1) Voir : Colonel Lecomte : La neutralité belge et le plan de campagne allemand. (*Revue Milit. Suisse*, février 1929).

Il est intéressant de rapprocher ces paroles de celles du colonel von Sprecher, chef d'E. M. de l'Armée suisse, bien informé lui aussi, qui disait, en 1927, lors d'une conférence à la Ligue pour l'indépendance de la Suisse : « Dans une guerre franco-allemande, la question du passage par la Suisse ou la Belgique devait se poser. L'empereur n'a assisté à nos manœuvres (1912) que pour se rendre compte de la valeur de notre armée. Ces manœuvres démontrèrent que la Suisse était capable de se défendre. »

On savait aussi que la Suisse se tournerait contre celui qui violerait le premier sa neutralité. On comprend que von Moltke, successeur de Schlieffen, ait dit au colonel von Sprecher : « Je crains que la France ne vous fasse rien ! »

Je livre ces faits aux méditations des détracteurs de notre défense nationale !

Par bonheur pour nous, le Grand Etat-Major allemand porta ses vues ailleurs. « Il revint au plan belge ! » Entre temps, le général v. Moltke le jeune avait succédé à v. Schlieffen. Il adopta le plan de ce dernier en y apportant quelques modifications plus ou moins discutables.

Voici, d'après le texte officiel, le plan de campagne allemand mis en œuvre contre la France en 1914 : « Die Hauptkräfte des deutschen Heeres sollen durch Belgien und Luxemburg nach Frankreich vorgehen. Jhr Vormarsch ist — sofern die über des französischen Aufmarsch vorliegenden Nachrichten utreffen — als Schwenkung unter Festhalten desz Drehpunktes Diedenhofen (Thionville) — Metz ge-

dacht. Massgebend für das Fortschreiten der Schwenkung ist der rechte Heeresflügel. Die Bewegungen der
inneren Armeen werden so geregelt werden, dass der
Zusammenhang des Heeres und der Anschluss an
Diedenhofen-Metz nicht verloren geht. Den Schutz
der linken Flanke der Hauptkräfte des Heeres sollen neben den Festungen Diedenhofen und Metz die
südöstlich Metz aufmarschierenden Heeresteile über-
nehmen. » (Reichsarchiv : Der Weltkrieg 1914-18.)
Ce qui, en français, peut se résumer comme suit :
Le gros des forces allemandes, pivotant autour
du point d'appui Thionville-Metz, s'avancera « guide
à droite » à travers le Luxembourg et la Belgique
pour se rabattre sur la France. La protection de son
aile gauche est l'affaire des troupes opérant autour
et au sud-est des fortifications de Metz. »

Ce plan colossal et audacieux, on le sait, faillit
réussir. Mais leurs auteurs avaient compté sans l'attitude de la Belgique et de l'Angleterre et sans...
le miracle de la Marne !

Le Plan Joffre ou plan XVII datait de l'année
1913. Son N⁰ d'ordre 17 nous révèle les divergences
d'opinions, de doctrines, en un mot, les nombreuses
« variations » des Etats-major français pendant un
demi-siècle.

Renonçant d'emblée aux mouvements offensifs
à travers les pays neutres, les stratèges français
avaient une tâche bien plus difficile que leurs
collègues allemands. Elle se compliquait de la
redoutable inconnue que constituait l'attitude de

l'Italie, membre de la Triplice. En revanche, personne n'ignorait l'intention des Allemands d'attaquer par la Belgique : écrits militaires, renseignements diplomatiques, développement extraordinaire des réseaux ferrés, préparatifs rhénans, etc, tout dénonçait la menace allemande vers le Nord. Mais, « il n'y a pire sourd que celui qui ne veut pas entendre ». Le chef de l'Etat-major-général français de 1913 n'a-t-il réellement pas voulu entendre, comme on l'en accuse ? Ou bien, croyait-il à une simple diversion, voire même à un bluff allemand ? Mystère. Le fait est qu'en haut lieu, et malgré les avertissements réitérés, on ne s'en préoccupa guère... Imbu des idées en cours sur les vertus de l'offensive en tout et partout, le futur généralissime orienta son dispositif nettement face à l'est. Bien plus, il résolut de prendre l'initiative des opérations, conformément au tempérament français, en montant une attaque générale, qui devait se déclancher d'abord en Alsace et en Lorraine, quelles que fussent les manifestations de l'adversaire sur d'autres points du front.

Voici d'ailleurs l'expression même de sa pensée, empruntée à son livre connu : *La préparation de la guerre et la conduite des opérations.* « L'intervention des armées françaises, écrit le général Joffre, se manifestera sous la forme de 2 actions principales se développant : l'une à droite, dans les terrains entre les massifs forestiers des Vosges et de la Moselle, en aval de Toul ; l'autre, à gauche de la ligne Verdun-Metz. Ces 2 actions seront étroitement soudées par des forces agissant sur les Hauts-de-Meuse et en Woevre » (p. 18).

C'est dans cette intention qu'il donne à ses commandants d'armée, au début d'août 1914, l'instruction générale Nº 1, dans laquelle on lit entre autres :

1... Autour de Metz, devant Thionville et le Luxembourg, semble devoir être *le groupe principal* (!) des armées allemandes, établi pour déboucher vers l'ouest, mais également en situation de converser vers le sud en s'appuyant sur la place de Metz. »

— On voit quelles illusions se faisait le général Joffre sur la situation et les intentions réelles « du groupe principal des armées allemandes ! »

Puis, le point 2 révèle l'idée maîtresse du Plan d'opérations français : « *L'intention du général en chef est de rechercher la bataille, toutes forces réunies, en appuyant au Rhin la droite de son dispositif général.* »

Suivent enfin des ordres et des objectifs d'attaque pour chaque commandant d'armée. C'est précisément dans les ordres donnés à la 1re armée française, concentrée à proximité de notre frontière jurassienne, que nous trouverons «le pourquoi » de l'expédition alsacienne du 7e Corps du général Bonneau. Nous verrons, en effet, ce dernier, dès le 7 août, chargé de la périlleuse mission de pousser jusqu'au Rhin, « pour y appuyer la droite du dispositif général des armées françaises. »

En résumé : tandis que le Plan Joffre prévoit une concentration et une offensive françaises face à l'est, le Plan Schlieffen-Moltke masse le gros des forces allemandes face à la Belgique pour opérer un mouve-

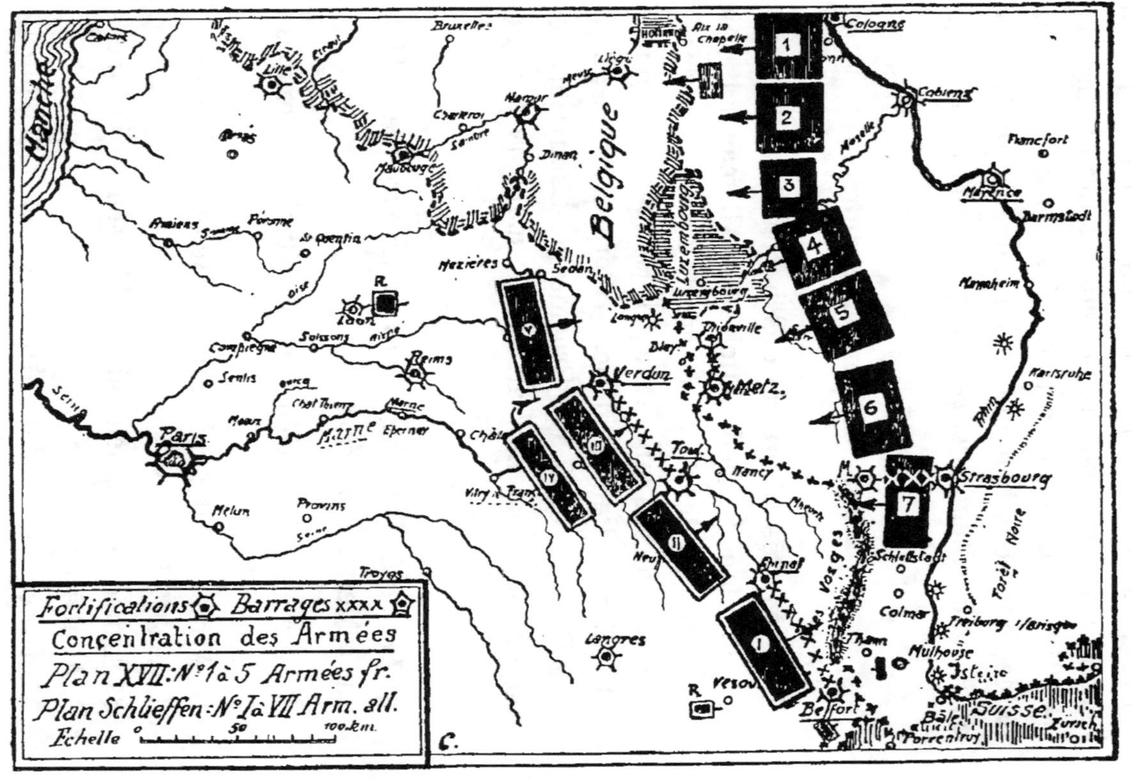

Manche
Bruxelles
Aix la Chapelle
Cologne
Hollande
Calais
Cobiens
Francfort
Arras
Lille
Charleroi
Namur
Liège
Sambre
Moselle
Dinan
Belgique
Amiens
Somme
Péronne
Luxembourg
St Quentin
Mézières
Sedan
Luxembourg
Mannheim
Oise
R.
Aisne
Longwy
Thionville
Darmstadt
Compiègne
Soissons
Reims
Metz,
Karlsruhe
Senlis
Bar le Duc
Meaux
Chat. Thierry
Marne
Épernai
Châl.
Verdun
Toul.
Rhin
Paris
Marne
Vitry le Franç.
Nancy
Mourthe
Strasbourg
Melun
Provins
Neuf.
Vosges
Schlettstadt
Forêt Noire
Seine
Troyes
Épinal
Colmar
Freiburg i/Brisgau
Langres
Tham
Mulhouse
Isteine
R. Vesoul
Belfort
Bâle
Suisse
Porrentruy
Zürich

Fortifications ⬡ Barrages xxxx ⬡
Conçentration des Armées
Plan XVII : N° 1 à 5 Armées fr.
Plan Schlieffen : N° I à VII Arm. all.
Échelle 0   50   100 km.
C.

ment tournant de grande envergure par le nord. C'est dans ces 2 conceptions différentes qu'il faut chercher le *secret* non seulement du drame alsacien de 1914, mais aussi de toutes les rencontres formidables qui, sous le nom de « Bataille des frontières », ont tragiquement illustré le mois d'août 1914.

Plans de concentration

1° **L'Armée allemande.** En exécution des données du plan Schlieffen-Moltke, l'Allemagne devait concentrer sur le front occidental, d'après les renseignements officiels, une Armée de campagne composée de 10 divisions de cavalerie, 34 Corps d'Armée, dont 11 de Réserve, et 17 1/2 Brigades de Landwehr. Ces troupes constituaient 7 armées de manœuvre réparties comme suit :

a) *Face à la Belgique et au Luxembourg,* de la Hollande à Metz : 5 *armées* :

1re Armée : Cdt : Général von Kluck — Troupes : 5 C. A. et 3 Br. Ldw.

2e Armée : Cdt : Général von Bülow — Troupes : 7 C. A. et 2 Br. Ldw.

3e Armée : Cdt : Général von Hausen — Troupes : 4 C. A. et 1 Br. Ldw.

4e Armée : Cdt : Duc Albrecht von Würtemberg 5 C. A. et 1 Br. Ldw.

5e Armée : Cdt : Kronprinz Wilhelm d'Allemagne 5 C. A. et 5 Br. Ldw.

b) *En Lorraine et en Alsace,* de Metz à la Suisse :
2 *armées* :

6e Armée : Cdt : Kronprinz Ruprecht de Bavière :
Troupes : 5 C. A. et 1 Br. Ldw.

7e Armée : Cdt : général von Heeringen. Troupes :
3 C. A. et 4 1 /2 Br. Ldw.

Les 10 Divisions de cavalerie étaient groupées en
4 Corps répartis au centre et à l'aile droite.

Une 8e Armée sur le front oriental était chargée,
en attendant, de ralentir la marche de l'armée russe,
avec l'aide de l'armée autrichienne.

Commandant en chef : Empereur Guillaume.
Assistant : Major général von Moltke.

2° **L'Armée française.** L'ordre de bataille de l'Armée française de campagne mentionnait 10 divisions
de cavalerie, 21 Corps d'armée actifs, plus 3 Divisions actives isolées, et 25 Divisions de réserve.

Toutes ces troupes, destinées en 1914 à agir sur
le front occidental, formaient un groupe de 5 Armées dénommé au début : *Groupe des Armées de
l'Est.* Le Plan XVII les répartissait comme suit :

a) *En* 1re *ligne, face à la Lorraine et à l'Alsace,*
entre la Suisse, le Luxembourg et la Belgique : 4
armées et 1 Corps de cavalerie :

1re Armée : Cdt : Général Dubail — Troupes :
5 C. A. et 2 Div. cav.

2e Armée : Cdt : Général de Castelnau — Troupes :
5 C. A. et 2 Div. cav.

3e Armée : Cdt : Général Ruffey — Troupes: 3 C. A. et 3 D. r. + 1 D. cav.

5e Armée : Cdt : Général Lanrezac — Troupes : 5 C. A. et 1 D. r. + 1 D. cav.

1er Corps de cavalerie. Cdt : Général Sordet — Troupes : 1re, 3e et 5e Div. cav.

b) *En 2e ligne,* formant réserve : 1 armée plus 2 groupes de Div. de rés. aux ailes :

4e Armée : Cdt : général de Langle de Cary — Troupes : 3 C. A. et 1 D. cav.

1er Groupe de 3 Divisions de rés., autour de Vesoul;

4e Groupe de Div. de rés., autour de Laon.

Commandant en chef : Général Joffre. Major général : Belin.

Nous ne parlerons pas ici de l'Armée belge ni de l'Armée anglaise, dont l'intervention n'était pas prévue, ou du moins pas mentionnée, dans les Plans officiels que nous venons d'étudier.

Un simple coup d'œil sur la carte des concentrations montre mieux que tout commentaire les intentions des deux grands belligérants. Aussi bien, ne comprend-on pas pourquoi l'Allemagne ait cru bon de justifier après coup ses desseins savamment préparés, par des arguments qui ressemblent singulièrement à ceux de la célèbre fable : Le loup et l'agneau.

Quant aux gens bien ou mal intentionnés qui accusent la France d'avoir eu, elle aussi, des velléités de toucher aux territoires de ses voisins neutres, ils n'ont qu'à examiner objectivement son dispositif de concentration. Ni à droite ni à gauche de ce dernier, on ne trouve la moindre troupe disponible pour tenter une diversion sérieuse en marge d'une attaque frontale. Bien plus, cette loyauté manifeste est tenue, aujourd'hui, pour une erreur stratégique. Elle devait se payer par la longue suite d'échecs du mois d'août 1914. D'autres avant moi l'ont clairement démontré.

Couverture.

Nous avons vu que la concentration des armées au début des opérations s'effectuait à l'abri des réseaux de fortifications et des troupes de couverture. Celles-ci, désignées d'avance, tenaient garnison à proximité de la frontière, qu'elles occupaient avec des effectifs renforcés à la première alerte. Comme leur nom l'indique, leur mission consistait à couvrir la mobilisation, à s'opposer à toute incursion de détachements ennemis, grands ou petits.

Du côté français, à proximité de notre frontière, ce service était assuré par le 7e Corps d'armée du général Bonneau, renforcé de la 8e Div. de cavalerie.

Du côté allemand, nous trouverons en Alsace des fractions du 14e Corps badois cantonnées à Mulhouse, renforcées du 22e Régiment de dragons et du 5e Régiment de Chasseurs à cheval. (Jäger zu Pferd.)

Ce sont ces troupes que nous verrons aux prises dès le 1er août 1914.

Plans de renseignements.

Par la Suisse ou par la Belgique ?

Enfin, pour compléter ces dispositions, chacun des deux grands Etats-majors avait organisé un service *spécial* de renseignements qui étendait ses ramifications dans tous les pays environnants. Les tâches imposées aux multiples agents de ce service sont détaillées dans une sorte de cahier des charges ultrasecret qui s'appelle : *Plan de renseignements.* Nous ne connaissons pas celui des Allemands... et c'est dommage ! En revanche, les Français ont complaisamment dévoilé une partie du leur dans le 1er Tome de l'ouvrage officiel : « *Les Armées françaises dans la grande guerre* ».

Il contient des choses curieuses, extrêmement intéressantes pour nous, Suisses. Regrettant de ne pouvoir les relater ici, je renvoie mes lecteurs au colonel Feyler qui en a publié un extrait dans son excellent livre : *L'Antimilitarisme en Suisse* — Chapitre VII. « Ces textes, écrit-il, mettent en face des réalités ; ils font voir combien nulles sont les théories de l'intellectualisme pacifiste, en Suisse comme ailleurs. »

Je recommande vivement la lecture de ces textes et des commentaires suggestifs du colonel Feyler aux ennemis comme aux amis de nos Institutions militaires.

En fait de renseignements officiels, on aimerait

sans doute savoir encore ce que les 2 grands rivaux connaissaient et pensaient les uns des autres et de leurs proches voisins. Arrêtons-nous y un instant.

L'*Etat-major général français* dans ses appréciations sur *l'armée allemande* se bornait à examiner sa force et son jeu présumés. Il s'est lourdement trompé. Il estimait à 30 seulement le nombre des Corps d'armée concentrés contre la France. Tout en tenant pour possible une attaque par la Belgique, « on ne possédait aucune certitude à cet égard... et on croyait toujours, pour des raisons politiques et morales, à l'attraction exercée sur les Allemands par le plateau lorrain. »

Le Grand Etat-major allemand paraissait mieux renseigné sur *l'armée française*. Il connaissait exactement son ordre de bataille. Il prévoyait la concentration des 5 armées française sur deux lignes, en position d'attente, soit : 3 armées en 1re ligne et 2 armées en 2e ligne, derrière l'aile gauche, prêtes à la manœuvre. Sur les ailes extérieures, de forts groupes de Divisions de réserve. En revanche, l'E. M. G. allemand ne croyait pas à une offensive générale française au début, mais bien à une forte contre-offensive en direction de l'attaque principale allemande, une fois celle-ci repérée. En outre, il s'attendait à des coups de main immédiats, en Alsace et en Lorraine.

Les détails sur la *valeur des troupes françaises* abondent dans un document officiel secret daté de 1914 (Geheime Druckvorschrift : Kriegsformationen und Mobilmachung der französischen Armee

1914). On y lit, par exemple, que l'artillerie de campagne constitue une troupe d'élite (Elitetruppe) et que son canon de 75 est supérieur au 77 allemand. L'artillerie lourde, par contre, est encore en formation. L'aviation militaire également, malgré ses progrès, n'a pas grande importance. Le corps d'officiers passe pour zélé et irréprochable (anspruchlos). La culture (Ausbildung) des officiers d'Etat-major et des chefs supérieurs aurait réalisé de grands progrès sous l'impulsion du général Foch, directeur de l'Ecole de guerre (Kriegsakademie). — Le soldat français est brave, intelligent, débrouillard et résistant. La discipline sévère qui distingue l'armée allemande n'est pas comprise de la même manière dans l'armée française. Dans les sphères du grand E. M. allemand, on croit que la fougue, l'entrain caractéristique du tempérament français, ferait aisément place au découragement en cas de revers. En somme, conclut le porte-paroles de l'E. M., l'armée française doit être considérée, sans conteste, comme une des meilleures de l'Europe (als eine der besten Europas, die keineswegs unterschätzt werden dürfe).

En ce qui concerne **l'armée belge**, les rapports français et allemands sont concordants. Tous deux relèvent le fait qu'elle est en voie de transformation par suite de la loi de 1913 à peine promulguée. On sait que ses 6 Divisions d'élite comptent 120.000 hommes aptes à manœuvrer en rase campagne. Des troupes solides d'anciennes classes d'âge tiendront les forteresses. Enfin, reste la Garde nationale (Bürgerwacht) composée d'éléments disparates auxquels les Allemands refusent la qualité de soldats, et dont personne ne sait au juste en quoi consiste la mission. (Ebensowenig war sich die Bürgerwacht selbst klar über ihr zugedachten Aufgaben.)

Quant à **l'armée suisse,** on l'honore de sobres commentaires. Le Comte Schlieffen déconseillait le passage par la Suisse à cause de la résistance de son armée exercée (Kriegsbereites Heer) et de son territoire difficile, tandis qu'au Luxembourg il n'y a pas d'armée, et, en Belgique, l'armée comparativement faible (verhältnismässig schwache Armee) se retirerait vraisemblablement dans ses places fortes.

Un autre document secret, daté de 1913, et signalé par le général Pallat, porte ces indications : Sur la frontière N. O. de l'Allemagne, on ne peut compter, comme au Sud, sur le boulevard extrêmement solide que constitue la Suisse.

Le *rapporteur officiel français,* après avoir analysé exactement la composition de l'armée suisse, émet cette conclusion : « En somme, l'armée suisse sur pied de guerre, comprenant un noyau solide d'hommes exercés et pourvus d'un matériel moderne représentait une force susceptible de faire respecter le territoire de la Confédération helvétique. »

A rapprocher ces appréciations des directives finales du *Plan de renseignements français* : « Reste enfin, lisons-nous au chapitre IV, la question des mesures prises par les Belges et par les Suisses, pour faire respecter leur neutralité ou se joindre à l'un des belligérants. A cet égard, des renseignements seront fournis par la diplomatie, et il sera particulièrement important qu'ils soient transmis d'urgence au général commandant en chef. A partir du moment où les Allemands auront pénétré soit en Belgique, soit *en Suisse*, nous pourrons chercher à entrer en relations avec les armées de ces deux puissances : 1) Par l'envoi d'officiers d'E. M. ; 2) par notre cavalerie et nos avions.

» Mais il y aura certainement avantage à nous les ménager et, particulièrement en ce qui concerne les Suisses, à respecter leur susceptibilité, en n'envoyant pas immédiatement nos avions ou nos dirigeables survoler leurs rassemblements.

» Nous savons, de bonne source, que les troupes suisses ont ordre de tirer sur les avions qui survoleraient le territoire helvétique. Il est donc nécessaire que le service spécial puisse nous tenir constamment au courant de la mobilisation belge et suisse, et des dispositions militaires prises dans les deux pays »

Les inconnues.

Telles étaient, dans leurs grandes lignes, les mesures arrêtées par chacun de nos puissants voisins pour assurer leur sécurité et le succès de leurs opérations guerrières. Tout était prévu, pesé, organisé, prêt à fonctionner.

Et pourtant, les Allemands, qui savaient tant de choses, ne se doutaient guère de ce qui les attendait ! Ils sous-estimaient la meurtrière efficacité du 75 français, la bravoure tenace des poilus, la

Inspection d'un poste.

Aux Avant-Postes.

souplesse des chefs, la résistance de la nation gau-
loise. En outre, l'attitude héroïque de la Belgique,
l'intervention de l'Angleterre, sans parler des autres
puissances, devaient contribuer à ruiner leurs
géniales combinaisons.

Quant aux Français, ils allaient payer cher certaines illusions, l'insuffisance de leur préparation,
la méconnaissance des projets et moyens gigan-
tesques de leurs adversaires. La multiplication des
mitrailleuses, gros canons, avions et corps d'armée
allemands, la manipulation intensive du fil de fer
barbelé et des outils de pionniers, leur réservaient
de cruelles surprises.

Mais ce que tout le monde ignorait, c'est l'effet
réel du feu, la puissance infernale des armes modernes.
Cette ignorance devait dérouter la tactique au
début de la guerre, provoquer la destruction des meilleures troupes engagées, et consacrer la faillite de
l'offensive à toutes sauces. Le général Foch l'a
reconnu franchement : « Nous avons éprouvé de
fâcheuses surprises tout au début des hostilités. Nous
sommes tombés, comme on dit, sur un *bec de gaz*.
Nous pensions alors que le *moral* suffisait à tout, ce
qui est une conception enfantine. Croire qu'il n'existe
pas pour vaincre l'ennemi d'autre moyen que l'attaque immédiate et poussée à fond, c'est une stra-
tégie vraiment rudimentaire. Il n'est pas nécessaire
d'avoir beaucoup de cervelle pour la pratiquer.
Heureusement pour nous, l'E. M. allemand com-
mit, lui aussi, de très lourdes fautes. » (Recouly :
Mémorial de Foch.)

Enfin, pour clore ce chapitre d'orientation générale, reconnaissons aussi sans hésiter que, malgré
les plans ingénieux, les combinaisons savantes et les
précautions minutieuses, une large part était réservée, dans cette course à la victoire, non seulement
aux inconnues redoutables, mais aussi aux impon-
dérables, aux desseins mystérieux de la Providence ...

CHAPITRE III

LA GUERRE !

Les choses en étaient là quand éclata la guerre de 1914. La guerre ! Il ne saurait être question d'en rechercher ici les causes, aussi nombreuses que controversées. Je me bornerai, pour les besoins de notre sujet, à remémorer les incidents principaux dont l'enchaînement diabolique aboutit à la catastrophe.

Ceux qui ont vécu les jours historiques de l'été 1914 savent combien l'atmosphère était lourde d'orage. Dans les cercles informés, dans tous les milieux même, on s'attendait à de graves événements, à la guerre fatale, inévitable. Seuls les sourds et les aveugles volontaires, les pacifistes à tous crins, les naïfs ou les illuminés comme il y en eut toujours, n'y croyaient pas.

L'étincelle qui devait provoquer l'incendie jaillit, ainsi que tant d'autres, de ce volcan qui s'appelle les Balkans.

Le 28 juin 1914, l'archiduc héritier d'Autriche,

François Ferdinand, et son épouse étaient assassinés en plein jour, à Serajevo, par un étudiant bosniaque. On accusa violemment la Serbie d'être l'instigatrice de ce crime politique odieux. La Serbie eut beau protester. Les gouvernements allemands et autrichiens se concertèrent pour exiger une réparation. La presse et la diplomatie aidant, il en résulta une tension politique inquiétante qui aboutit à l'envoi à la Serbie d'une note autrichienne, datée du 23 juillet, sous forme d'ultimatum. La Serbie se soumit aux conditions draconniennes de l'Autriche, mais en formulant une réserve anodine. Celle-ci fut jugée inacceptable par le gouvernement autrichien qui, le 26 juillet, rompit toutes relations avec Belgrade.

La Russie fit mine d'intervenir en faveur des Serbes. Alors les choses se gâtent ; le torchon brûle. Les Etats-majors et les diplomates européens s'agitent, s'énervent. Partout les préparatifs de mobilisation, avoués ou non, sont poussés activement. Les événements s'enchevêtrent, puis se précipitent. Le 28 juillet, l'Autriche déclare la guerre à la Serbie. Le 29, elle bombarde Belgrade ! Le 30, la Russie mobilise ses troupes sur la frontière autrichienne, tandis que les autres puissances accentuent leurs mesures de sûreté. Le 31, l'Allemagne proclame le « Zustand der drohenden Kriegsgefahrt », autrement dit, un ordre de mobilisation déguisée sous le nom de « danger de guerre ». Toutes les communications avec l'étranger sont coupées. Elle envoie un ultimatum à la Russie la sommant de démobiliser son Armée dans les 12 heures.

Jusque-là, les choses auraient pu s'arranger encore, quoique les interventions réitérées échouassent mystérieusement. Une note à la France allait tout gâter.

Dans la journée du 31, l'ambassadeur allemand exigeait du gouvernement français, en cas de conflit germano-russe, une déclaration immédiate de neutralité garantie par la remise éventuelle des forteresses de Verdun et de Toul ! Cette exigence exorbitante paraîtrait invraisemblable si elle n'était avouée officiellement : « Der Botschafter hatte weiterhin, für den allerdings kaum denkbaren Fall der französischen Neutralitätserklärung, die vorübergehende Ueberlassung der beiden grossen Grenzfestungen Verdun und Toul als Sicherheit zu fordern. » (Der Weltkrieg. T. 1.). Le lendemain, le gouvernement français donnait la seule réponse compatible avec l'honneur national : « La France fera ce qu'exige son intérêt ! »

Le 1er août, l'Allemagne déclare la guerre à la Russie. Toutes les puissances européennes intéressées publient le même jour un décret de mobilisation générale de leurs armées. Le 2 août, les Allemands envahissent le Luxembourg. En même temps, ils remettent au gouvernement belge un ultimatum réclamant le libre passage de leurs troupes. En voici le préambule : « Le gouvernement allemand a reçu des nouvelles sûres d'après lesquelles les forces françaises auraient l'intention de marcher sur la Meuse par Givet et Namur. Ces nouvelles ne laissent aucun doute sur l'intention de la France de marcher sur l'Allemagne par le territoire belge. » — Sans commentaire ! Le 3 août, déclaration de guerre à la France motivée par d'imaginaires violations de frontières. La Belgique repoussant l'ultimatum humiliant, les armées allemandes pénètrent, le 4, sur son territoire. L'Angleterre somme l'Allemagne de respecter ses engagements. Sur son refus, les Anglais se rangent aux côtés des Belges.

Le 5 août, l'Allemagne est donc en guerre avec la Russie, la France, la Belgique et l'Angleterre. L'Autriche ne l'est encore qu'avec la Serbie. Chose curieuse, ce n'est que le 6 qu'elle déclare la guerre à la Russie, et le 12 seulement qu'elle rompt avec la France et l'Angleterre !...

A chacun de tirer de ces faits les conclusions qu'ils comportent.

Préliminaires de guerre en Suisse et en Alsace.

L'Ajoie en danger ?

Revenons maintenant en arrière et voyons ce qui se passait en Suisse et en Alsace.

Chez nous, on suivait avec un intérêt et une inquiétude bien compréhensibles le film dramatique de ces événements. Chacun sentait que notre sécurité était en jeu. Nos grands voisins se préoccupaient fort de leurs flancs gauche ou droit. L'Ajoie surtout, enclavée dans la Trouée de Belfort, risquait de partager les destinées de celle-ci. Et c'est pourquoi, le 28 juillet 1914, l'attaché militaire français, commandant Pageot fit une démarche auprès du Conseil fédéral pour savoir quelle serait l'attitude de la Suisse si les Allemands occupaient la gare badoise de Bâle et violait l'enclave de Porrentruy. La réponse fut télégraphiée séance tenante à Paris au Ministère de la guerre. En voici un extrait : ... « Le chef du Département militaire et le chef de l'E. M. G. ont déclaré formellement que la Suisse s'opposerait par tous les moyens à l'utilisation par l'Allemagne de la gare de Bâle, ainsi qu'au passage par l'enclave de Porrentruy. Les déclarations faites à cet égard ont été absolument catégoriques. Le chef du Département militaire a ajouté qu'il avait la conviction, partagée par le président de la Confédération, que l'Allemagne s'abstiendrait de violer d'aucune façon une parcelle quelconque du territoire helvétique, sachant la Suisse résolue à s'y opposer de toutes ses forces. » (Les A. fr. dans la gr. guerre. Annexe 13).

A ce propos, un écrivain bâlois, M. Albert Heider, qui a entrepris la tâche ingrate de démontrer, dans un ouvrage en 2 volumes, édités à Fribourg en Brisgau, (Albert HEIDER : « *Ein Handstreich auf Basel nach Joffres Kriegsplan*) que les Français avaient prémédité la violation du territoire suisse, prétend que la démarche du commandant français Pageot se trompait d'adresse. En outre, s'ils n'avaient pas eu d'arrière-pensée ils auraient employé, dans le texte du télégramme mentionné ci-dessus, le futur de l'indicatif et non pas le présent du conditionnel ! Drôles d'arguments, qu'ont rétorqués magistralement le colonel Feyler et le colonel Fonjallaz dans différents journaux ou revues. Mais passons.

Le 1er août, l'Assemblée fédérale convoquée d'urgence décrétait la mobilisation générale de l'Armée suisse et lui donnait pour Commandant en chef le général Wille. Le même soir, le Landsturm couvrait la frontière. En revanche, contrairement aux autres Armées, belge comprise, le 1er jour de mobilisation fut fixé au lundi 3 août seulement. Le retard qui se répercuta sur la mobilisation entière aurait pu avoir de graves conséquences puisque, le 4 août, au moment où les Avant-gardes allemandes pénétraient en Belgique, l'Elite et la Landwehr suisses entraient au service ! L'expérience a dû servir, car aujourd'hui notre dispostif de couverture est heureusement modifié.

Chez nos grands voisins, nous l'avons vu, on n'avait pas attendu la déclaration de guerre pour se prémunir contre toute surprise. Dès le 23 juillet, jour de l'envoi de l'ultimatum autrichien, les préliminaires secrets de la mobilisation commencèrent. Français et Allemands s'accusent réciproquement d'avoir pris une avance qu'on interprète comme un indice de préméditation de guerre. Ici encore, laissons aux historiens le soin de débrouiller cette affaire et voyons plutôt ce qui s'est passé à nos portes. Commençons par l'Allemagne.

Chez les Allemands en Haute-Alsace.

L'étranger qui, avant la guerre, se promenait dans Mulhouse, ville ouverte, regardait avec intérêt les nombreux soldats de toutes armes qu'il rencontrait.

S'informait-il de leur incorporation, il apprenait qu'une brigade d'infanterie et 2 régiments de cavalerie y tenaient garnison : les 112e et 142e R. de la 58e Br. J.; le 5e R. de Chasseurs à cheval (Jäger zu Pferd) et le 22e R. de dragons. Ces troupes appartenaient au 14e Corps d'armée badois stationné sur le Haut Rhin. En cas de guerre, elles étaient chargées de couvrir, au sud, la concentration de la VIIe Armée formant, d'après le plan Schlieffen-Moltke, l'aile gauche de l'Armée allemande.

En juillet 1914, seuls les deux régiments de cavalerie occupaient Mulhouse. La brigade d'infanterie s'exerçait au tir de combat de l'autre côté du Rhin, au camp de Heuberg.

Le récit officiel allemand nous dit que les premières mesures de sûreté furent ordonnées le 28 juillet sous la pression des événements : surveillance des voies de communication, rappel des troupes dans leurs garnisons, etc. C'est possible. En tous cas, le mercredi matin 29 juillet, donc avant la déclaration de guerre, les deux régiments de cavalerie quittaient Mulhouse, en équipement de guerre flambant neuf, pour reconnaître leur secteur frontière entre les Vosges et la Suisse.

D'autre part, un fantassin du 112e R. nous raconte que, dans la nuit du 28 au 29, à Heuberg, alors qu'on se préparait pour l'inspection, un contre-ordre alertait la 58e Brigade : « Alles marschbereit machen ! » Départ pour Mulhouse ! Le soir du 29, les deux régiments rentraient en ville « déjà munis de cartouches à balles, car au voisinage de la frontière il fallait compter avec une attaque brusquée des Français. » (Das 7 J. R. 142 im Weltkrieg 1914-18).

Le 30, les permissionnaires rejoignent leurs unités. Partout des postes de garde sont installés ou renforcés. — Le 31, toute la garnison de Mulhouse effectue un « essai » de mobilisation. (Probemobilmachung) ; on touche les effets ou insignes de guerre (Kriegsgarnituren.) — A 3 h. 30, après-midi, arrive l'ordre : « Zustand drohender Kriegsgefahrt. » Danger de guerre ! Pour la garnison, cela signifie : A vos postes !

Tandis que les deux régiments de dragons et de chasseurs à cheval renforcent le rideau de surveillance des douaniers et des forestiers à l'extrême frontière, le R. J. 142 occupe son secteur de couverture et installe sa ligne d'avant-postes entre Sennheim (Cernay), Dannemarie et la Suisse. Le R. J. 112 reste en réserve à Mulhouse à disposition du Generalmajor von Stenger, commandant la 58 Br. renforcée, à laquelle viennent se joindre des unités de Landwehr et de Landsturm, qui seront échelonnées en partie le long de la frontière suisse.

« **A la frontière** ! » Sous ce titre, un sergent-major du 142e Régiment évoque en termes dithyrambiques ces heures d'attente fiévreuse aux avant-postes. « Alors qu'à l'arrière les troupes quittaient leurs garnisons au milieu de l'enthousiasme général, nous montions déjà la garde à la frontière, dit-il, fusil en main, l'œil rivé sur les routes, les vallées et les forêts d'où pouvait surgir l'ennemi pour attaquer l'Alsace... Il s'agissait de repousser les détachements français d'exploration, afin d'assurer la liberté d'action de nos camarades de l'arrière. Pour autant que le service de garde le permettait, nos hommes « se la coulait douce », comme aux jours de repos des manœuvres, dans ces beaux et confortables villages alsaciens. » (Das 7. Bad. J. R. 142 im Weltkrieg 1914-18.)

Le samedi 1er août, le décret de mobilisation générale est affiché à *Mulhouse*. Un commencement de panique se produit. De nombreux citoyens portés sur les listes noires (die schwarzen Listen) sont arrêtés comme suspects. Une foule de familles allemandes quittent la ville.

Des bruits alarmants circulent concernant l'attaque prochaine des Français. Dans les casernes, règne une activité fébrile. Les soldats préparent le déménagement, emballent du matériel, chargent fourrages et provisions. Le soir du 2, une fausse alerte provoque même un commencement d'évacuation de la ville et la destruction du pont d'Illfurt !... Le drame alsacien va commencer.

Pendant ce temps, la mobilisation bat son plein. Derrière les éléments de couverture des 14e et 15e C. A., la VIIe armée va se concentrer sur les deux rives du Rhin, en amont de Strasbourg. Son chef, le Generaloberst von Helringen qui, lui aussi, s'attend à un coup de main en Haute Alsace, prépare la contre-attaque, qui se déclanchera si les Français viennent, avec des forces insuffisantes, donner dans le piège qu'on leur tend à Mulhouse.

Chez les Français à la Trouée de Belfort.

Passons, c'est le cas de le dire, de l'autre côté de la barricade ! D'après le Plan XVII, nous devons trouver à la frontière d'Ajoie des éléments de la 1re Armée française commandée par le général Dubail dont le Quartier général est à Epinal. En effet, nous avons vu que le 7e Corps d'armée, renforcé de la 8e Division de cavalerie, formait un détachement spécial chargé de la couverture du secteur alsacien s'étendant du sommet des Vosges à la frontière suisse. Ce 7e C. A., qui comprend la 14e et la 41e Divisions, était commandé par le général Bonneau et formé de soldats d'élite recrutés dans la zone frontière où il tenait garnison : Besançon, Montbéliard, Belfort, Remiremont.

Comme leurs *voisins de l'Est*, les Français n'avaient certes pas attendu la déclaration de guerre pour prendre des mesures de sûreté dictées par la plus élémentaire prudence. Le récit officiel français (Les Armées françaises dans la grande guerre) les énumère en toute franchise, jour après jour, à partir du 25 juillet. Elles n'offrent pas grand intérêt pour nous, sauf la démarche, le 28 juillet, du commandant Pageot auprès du Conseil fédéral. Nous n'y reviendrons pas.

Le 29, le message suivant est transmis aux postes de T. S. F. des forteresses de l'Est : « Le service d'écoute sera permanent à partir de la réception de ce radiotélégramme. » Tous les corps de couverture reçoivent l'ordre d'exécuter les travaux de défense prévus dans les places fortes. Le 30, vu l'aggravation de la situation diplomatique, le Conseil des Ministres, présidé par le président de la République, M. Poincaré, qui vient de rentrer hâtivement de Russie, décide la mise en place partielle de la couverture, mais avec un certain nombre de restrictions parmi lesquelles il faut citer la création de la **fameuse zone de 10 km.** dont on a tant parlé. Voici, en ce qui la concerne, le texte même du télégramme : « Pour des raisons diplomatiques, il est indispensable qu'aucun incident ne se produise de notre fait. En conséquence, aucun élément, aucune patrouille ne devra sous aucun prétexte dépasser une ligne dont le tracé est indiqué entre Hussigny et Delle. » Signé : Messimy — Annexe 15).

Sur l'intervention du général Joffre, qui s'inquiète de l'avance camouflée prise par les Allemands dans leurs préparatifs de mobilisation, un second télégramme est lancé le 31 : « Faites partir troupes de couverture. Heure initiale 21 heures. »

Cette fois, tout le dispositif de couverture français s'installe entre la Belgique et la Suisse, conformément au Plan XVII.

Suivons le 7e C. A. renforcé dans l'accomplissement de sa mission. La voici : « Le commandant du secteur des Hautes Vosges a pour mission de couvrir la mobilisation de la place de Belfort ainsi que la voie ferrée Montbéliard, Belfort, Paris. En outre, il doit se mettre en mesure d'occuper, dès l'ouverture des hostilités, les cols des Vosges (la Schlucht et les passages au Sud.) »

Conformément à ces directives, le général Bonneau répartit ses troupes dans 3 sous-secteurs :

1) A droite, de la frontière suisse au canal du Rhône au Rhin : la 8e Division de cavalerie renforcée d'un bataillon du 44e R. I. — Cdt : Général Aubier ;

2) Au centre, du canal indiqué au pied des Vosges : la 14e Div. I. — Cdt. : Général Curé ;

3) A gauche, dans les Vosges, autour du Tillot jusqu'à Gerardmer : la 41e Div. I. — Cdt : Général Superbie.

Dans le sous-secteur de droite (secteur suisse), le général Aubier, commandant la 8e Division de cavalerie, dispose de 3 brigades, renforcées d'artillerie, d'infanterie et de cyclistes. Il en place 2 en 1re ligne, soit : la 8e Br. de dragons, appuyée à droite à la frontière suisse ; et la 4e Br. de dragons, appuyée à gauche au canal du Rhône au Rhin, où elle se relie à la 14e Div. d'infanterie. Derrière, en 2e ligne, autour de Morvillars, la 8e Br. légère de chasseurs et hussards forme réserve, et détache 2 escadrons vers Fêche-l'Eglise-Beaucourt pour surveiller les débouchés de la Suisse.

Le dispositif de couverture prévoyait réglementairement une chaîne de groupes formés, en principe, d'un bataillon au moins et d'un escadron. Ces groupes poussaient sur la frontière même un réseau de surveillance constitué par des éléments de cavalerie, renforcés par les douaniers et les chasseurs forestiers. En arrière des groupes, stationnait un gros de couverture comportant généralement une division d'infanterie disponible pour la manœuvre. Mais la zone interdite par le Ministre de la guerre compliquait singulièrement la tâche des commandants d'avant-postes. En réalité, le premier rideau de surveillance fut d'abord supprimé. Les groupes stationnèrent et prirent leurs emplacements de combat sur une ligne distante d'environ 10 km. en moyenne des bornes frontières. La zone tampon, libre de soldats français, fut ainsi jalonnée, en avant de Belfort, par Delle, Joncherey, Fontenelle, Giromagny, etc. Elle subsista pendant quelque temps, jusqu'au moment où le dernier espoir de paix s'évanouit. Cela ne tarda pas.

1er Août tragique.

Le samedi 1er *août*, jour de la fête nationale suisse, la situation est tendue au point que les fatidiques télégrammes de mobilisation générale partent automatiquement et presque simultanément de toutes les capitales de l'Europe centrale. La voix des cloches en répercute la tragique nouvelle au milieu de l'émotion générale. Vers le soir, nos braves Landsturmiens se hâtent vers la frontière où déjà affluent des centaines de familles de rapatriés et d'indésirables, que les autorités françaises ou allemandes refoulent impitoyablement.

Depuis la veille, toutes les communications sont coupées et, à Boncourt comme à Bâle, le lamentable cortège de ces infortunés traverse à pied la frontière, endigué par un service d'ordre improvisé. Première vision douloureuse de la guerre !...

Face à Face.

Pendant ce temps, des deux côtés de la frontière franco-allemande, les troupes de couverture face à face se fortifient sur leurs emplacements de combat, à proximité des voies de communication détruites ou fortement barricadées. Mais tandis que les Français se morfondent à 10 km. des bornes, les cavaliers allemands caracolent le long de la zone déserte et tentatrice, « faisant toucher les poteaux par leurs bêtes, comme pour satisfaire à une sorte de rite guerrier », nous dit un historien français (Renauld). De part et d'autre, on s'attend à des attaques brusquées et l'on voudrait les repérer à temps pour y parer. En outre, la recherche des renseignements est une des tâches importantes du service d'avant-postes. Dans ces conditions, il n'est pas étonnant que chacun des adversaires brûle de savoir ce qui se passe de l'autre côté de la barricade. Les deux se reprochent mutuellement de nombreuses violations de territoire avant la déclaration de guerre, tout en se prévalant des interdictions qu'ils auraient émises. Voyons-les.

« Comme l'ouverture des hostilités dépendait d'un ordre du commandement supérieur de l'Armée, lisons-nous dans le compte rendu officiel allemand, il était sévèrement défendu (streng untersagt) aux

Camaraderie !

Kameradschaft !

patrouilles, détachements et avions d'empiéter sur territoires belge et français. Toutefois la défense tombait si l'ennemi ne respectait pas le sol allemand (sobald der Feind deutsches Gebiet betrat oder überflog). Seul le Luxembourg devait être occupé conformément aux plans, (planmässig) aussitôt que la mobilisation générale serait ordonnée, afin de se rendre maître de ses importantes voies ferrées (um Hand auf seine wichtigen Eisenbahnen zu legen.)

Les interdictions françaises sont plus formelles, plus restrictives encore et maintes fois réitérées. Voici, par exemple, en date du 1er août, un télégramme qui les résume toutes. Il est adressé aux commandants des corps d'armée de couverture :

« Le ministre de la guerre insiste encore de la part du président de la République, et pour des raisons diplomatiques sérieuses, sur la nécessité absolue de ne pas franchir la ligne de démarcation indiquée par le télégramme N° 129 du 30 juillet et rappelée par un télégramme d'aujourd'hui. Cette interdiction s'applique aussi bien à la cavalerie qu'aux autres armes ; aucune patrouille, aucune reconnaissance, aucun poste, aucun élément ne doit se trouver à l'Est de la dite ligne. Quiconque l'aurait franchie serait passible du Conseil de guerre, et ce n'est qu'en cas d'attaque bien caractérisée qu'il sera permis de transgresser cet ordre, qui sera communiqué à toutes les troupes. » Les A. fr. dans la Gr. Guerre (Tome I. — Annexe 26).

On le voit, il ne s'agit pas seulement pour les soldats français de respecter le territoire allemand, mais encore de ne pas mettre le pied sur le sol français de la zone-tampon que le gouvernement a sacrifié inutilement à la cause de la paix...

Violations de frontières.

Premières victimes.

Voilà les interdictions. Voici maintenant quelques faits, rigoureusement contrôlés. Le dimanche 2 août, veille de la déclaration de guerre, un poste français de sous-officier du 11e bataillon du 44e R. I., attaché à la 8e Division de cavalerie, gardait, près du cimetière de Joncherey, la route de Réchésy-Pfetterhouse qui longe la frontière suisse au nord de Boncourt-Lugnez.

Tout à coup, vers 10 heures du matin, la sentinelle devant les armes voit poindre sur la route une troupe de cavaliers lancés au galop. Le chef de poste alerté s'avance, le fusil à la main, pour reconnaître ces cavaliers suspects. Mais déjà la patrouille allemande est sur lui. D'un coup de pistolet, son chef, le lieutenant Meyer, abat le sous-officier français, caporal Peugeot. Les hommes du poste ripostent immédiatement, atteignent le lieutenant allemand, qui vide les étriers et tombe mortellement blessé. Ce que voyant, le reste de la patrouille fait demi-tour et se disperse bride abattue.

Voici d'ailleurs un extrait du rapport officiel du chef de bataillon Petitjean : « Il était 10 h. du matin, lorsque nous perçûmes quelques coups de feu partant du point où se trouvait le poste de quatre hommes du caporal Peugeot. Quelques minutes après, un cheval sans cavalier arrivait au galop. Des traces de sang se voyaient sur le quartier gauche de la selle. — Je me portai vers le poste du caporal Peugeot pour avoir des renseignements sur ce qui s'était passé. A mi-chemin, je trouvai au bord de la route un lieutenant allemand, portant l'uniforme du 5e chasseurs à cheval, étendu sur le côté droit, la tête baignant dans une mare de sang. C'était le lieutenant Camille Meyer. Il avait été atteint d'une balle derrière l'oreille, à hauteur de la tempe droite, et d'une autre à l'aine gauche. Un cercle noir autour de l'œil marquait l'emplacement du monocle. C'était un jeune homme imberbe paraissant âgé de 20 à 22 ans au plus. Continuant mon chemin jusqu'au poste, je fus informé par une femme habitant une maisonnette un peu à l'écart de la route, à hauteur de l'emplacement du poste, que le caporal Peugeot avait été tué. Cette femme me dit : « Ils ont tué votre caporal ! »

Une autre version de source allemande a été publiée quelque temps après dans « l'Elsaesser Kurier » de Colmar. L'auteur transforme l'équipée de la patrouille allemande en une aventure homérique visiblement tendancieuse. Une seule chose est à retenir de son long récit : C'est que le lieutenant Meyer du 3e escadron du 5e Jäger zu Pferd aurait reçu, le 2 août, l'ordre suivant du général de brigade : « Franchissez la frontière et faites un service d'éclaireurs dans la direction de Belfort, en passant par Delle, pour établir où se trouvent des rassemblements de

Monument Peugeot

troupes. » Si la chose est exacte, elle n'a pas besoin de commentaires : l'agression préméditée est flagrante.

A propos de cet incident, je tiens à signaler encore la curieuse lettre du consul allemand à Bâle, M. Wunderlich, adressée, le 4 août, à son collègue français M. Farges : « Les événements terribles qui ont fait éclater la guerre entre les deux pays dont nous sommes les représentants à Bâle, m'ont frappé de consternation, d'autant plus que j'aime votre belle patrie où j'ai passé douze ans inoubliables comme consul d'Allemagne à Marseille. — Les relations entre l'Allemagne et la France étant interrompues pour le moment, je m'adresse, sur la demande du Commandeur (1) du régiment de chasseurs à cheval N° 5 à Mulhouse, à votre générosité, pour avoir des renseignements par votre intermédiaire, sur l'état du lieutenant Meyer, blessé avant-hier près de Delle, sur le territoire français. »

Le caporal Peugeot, âgé de 21 ans, était instituteur. Ce sous-officier français et son agresseur, le lieutenant allemand Meyer, figurent en tête des longues listes françaises et allemandes qui contiennent les noms des millions de victimes de la grande guerre.

Dans la même journée du 2 août, une autre patrouille allemande forte de 14 hommes envahit le village de Suarce, situé dans la zone abandonnée, à 5 km. N. de Réchésy, détruit les appareils télégraphiques et s'empare d'un convoi de chevaux et chars réquisitionnés, qui se disposait à partir pour Belfort. Les 9 civils qui l'accompagnaient sont faits prison niers et, maire en tête, emmenés de l'autre côté de la frontière. Trois d'entre eux, paraît-il, ne sont jamais revenus.

D'autres incursions de cavaliers allemands appartenant au 5e R. de chasseurs à cheval et au 22e R. de dragons sont signalées un peu partout, dans les villages qui jalonnent la frontière de la Suisse aux Vosges. Donc, il faut admettre que la cavalerie allemande, en ce premier dimanche d'août 1914, patrouilla impunément dans la zone-tampon non-gardée, et cela malgré les soi-disant interdictions reçues. A noter que le rapporteur officiel allemand ne conteste pas ces violations de frontière. Il les attribue complaisamment à l'initiative des chefs de patrouilles amateurs d'aventures (unternehmungslustiger Patrouillenführer) !

Oui ! Mais comment concilier ces dangereuses escapades avec les sévères exigences de la discipline allemande ?

— L'Etat-major allemand ignorait alors ces faits, prétend-il. Et puis, en matière de violations de frontière, les Français avaient à leur actif un bien plus grand nombre de cas (eine erheblich grössere Zahl. Der Weltkrieg. T. 1.)En doutez-vous ? Si oui, vous les trouverez énumérés, en petits caractères, au bas de la page 105 ; il y en eut à St-Dié, Markirch, dans la vallée de la Thur, au Hohneck, à Metzeral, Urbeis, Altmünstern, etc. (Der Weltkrieg 1914-18.) D'ailleurs, le gouvernement allemand s'en prévaudra pour motiver la déclaration de guerre qui se prépare...

Le chef de l'Etat-major général français, amplement renseigné, fait remarquer au ministre de la guerre les graves inconvénients qu'il y aurait à ne pas reprendre pied dans la zone de couverture abandonnée. Le gouvernement français téléphone alors, le soir du 2 août, au général en chef pour l'aviser qu'il lui rend « liberté absolue de mouvement pour l'exécution de ses prévisions — dussent-elles conduire au franchissement de la frontière allemande. »

Là-dessus, le général Joffre avise ses subordonnés que l'interdiction de dépasser vers l'Est la ligne indiquée le 30 juillet et distante de 10 km. *est levée*. « Cependant, ajoute-t-il, pour des raisons nationales d'ordre moral et des raisons impérieuses d'ordre diplomatique, il est indispensable de laisser aux Allemands l'entière responsabilité des hostilités. En conséquence, et jusqu'à nouvel ordre, la couverture se bornera à rejeter au delà de la frontière toute troupe assaillante, sans la poursuivre plus loin et sans entreprendre sur le territoire adverse. » (Les A. fr. dans la Gr. Guerre, Annexe 31).

Mais, dans la même journée, on apprenait que les Allemands venaient d'occuper le Luxembourg. Le général Joffre prévoyant un développement de plus en plus certain de son plan d'opérations donne des ordres en conséquence. Parmi ceux-ci, il en est un très important pour notre proche voisin, le 7e Corps du général Bonneau. Le voici, daté du 2 août :

« Le 7e Corps se préparera à exécuter une action offensive en Haute Alsace dans la direction de Colmar lorsqu'il en recevra l'ordre. »

— Nous verrons que cela ne tardera pas.

Le même soir enfin, se préoccupant aussi de la menace allemande qui se dessine vers le Nord, le commandant en chef donne l'ordre d'appliquer la variante du plan XVII qui concerne la 4e et la 5e armée. Les zones de débarquement de cette dernière sont remontées vers le Nord, pour permettre à la 4e armée de venir se placer au N. de Verdun entre la 3e et la 5e armées. Donc, en suite de cette variante, la concentration de toute l'Armée française se fera en réalité sur une seule ligne entre la Suisse et la Belgique. Ce long cordon valait-il mieux que le maintien d'une réserve en 2e ligne, disponible pour la manœuvre ? Je laisse aux amateurs le soin de résoudre la question en s'inspirant des événements ultérieurs.

Capture d'une patrouille allemande en Ajoie.

Mais revenons à notre frontière où de nouveaux incidents se préparent ensuite du rapprochement des lignes d'avant-postes. Dès le 3 août, les Français reportent à la limite du territoire alsacien leur réseau de surveillance maintenu jusqu'alors à 10 km. en arrière. Pendant l'avance, de nombreuses escarmouches se produisent, dont l'une eut sa répercussion chez nous.

Dans la région de Beurnevésin, une de nos patrouilles du 24e bataillon de Landsturm, circulant le long de la frontière, aperçoit soudain un groupe de chasseurs allemands vivement poursuivis par un détachement de dragons français. Sur le point d'être rejoints, les cavaliers allemands se réfugient en territoire suisse où ils sont aussitôt entourés et désarmés. Après avoir constaté le fait, les dragons français, arrêtés à la frontière, font demi-tour et disparaissent. Les prisonniers sont conduits à Porrentruy, interrogés, puis dirigés sur Berne.

Le « Démocrate » du 5 août 1914 rapporte « qu'ils ont passé en gare de Delémont, le 4 à 7 heures du soir, où des personnes qui se trouvaient sur le quai leur ont fait servir des rafraîchissements et des cigares qu'ils acceptèrent avec la plus vive satisfaction. Ce sont des jeunes gens de 21 ans, continue le correspondant du journal, petits, agiles, secs, nerveux, bien faits pour remplir le périlleux service d'exploration en avant du front. L'uniforme, vert-pâle, leur permet de se dissimuler dans l'herbe, derrière les haies et dans les forêts. »

Le procès-verbal de l'interrogatoire du chef de la patrouille allemande, lieutenant Prinz du 5e R. de chasseurs à cheval, précise que cet officier avait reçu, le soir du 3 août, l'ordre d'aller en patrouille avec 21 hommes en direction de Sept-Pfetterhausen Réchésy-Courtelevant-Faverois. Après avoir constaté que Réchésy était inoccupé et qu'un escadron de cavalerie quittait Courtelevant, le lieutenant Prinz se dirigea sur Faverois en empruntant le terrain au S. de Réchésy et essuya des coups de feu tirés de Courcelles. Attaquée au S. de Courtelevant par la cavalerie française, la patrouille se retira sur Bisel en passant entre Réchésy et la frontière suisse. Mais le terrain étant très marécageux près du ruisseau

La Vendline, et l'unique passage de ce cours d'eau se trouvant sous le feu d'un poste de tirailleurs ennemis, la patrouille ne put passer. Le lieutenant Prinz (1) se vit forcer d'entrer sur territoire suisse, à l'Ouest de Beurnevésin, avec 7 hommes. Le reste de la patrouille fut dispersé.

Le feu aux poudres.

Mais pendant que ces menus incidents se passaient dans nos parages, des événements plus graves retenaient l'attention du monde entier.

Le soir du 3 août, l'ambassadeur allemand à Paris, baron de Schoen, se présentait chez M. Viviani, président du gouvernement français, et lui remettait une note, qui, arguant d'actes d'hostilités commis sur le territoire allemand, entre autres par des aviateurs français près de Wesel, à Karlsruhe et à Nüremberg, se terminait par ces mots : « En présence de ces agressions, l'Empire allemand se considère comme en état de guerre avec la France, du fait de cette dernière puissance ! » Quelques heures après, muni de ses passeports, l'ambassadeur d'Allemagne quittait Paris !

Alea jacta est !... L'immense tragédie allait dérouler, pendant des mois et des mois, son film sanglant...

Par respect pour la vérité et pour l'Histoire, je tiens à ajouter que l'Allemagne a partiellement rec-

(1) Le lieut. Prinz, interné à Coire pendant de longs mois, parvint à s'évader, à gagner l'Allemagne après une suite d'aventures mouvementées.

tifié les accusations qui motivèrent, en apparence, sa déclaration de guerre à la France. A la page 105 de son récit officiel on lit : « Meldungen vom Vorgehen ganzer Kompagnien bei Gottesthal, die die verfrühte Sprengung der Eisenbahnbrücke bei Illfurt durch deutsche Pionniere zur Folge hatten, erwiesen sich hinterher als irrig, ebenso nach dem Ergebnis nachträglicher Forschungen eine Reihe anderer Meldungen über Grenzverletzungen, unter ihnen auch die Meldung über den Abwurf von Fliegerbomben auf Nürnberg. » (Der Weltkrieg 1914-18. Note, page 105). Ce qui, traduit littéralement, veut dire : Les rapports concernant l'avance de compagnies entières près de Gottesthal (Waldieu), qui eurent pour conséquence la destruction prématurée du pont de chemin de fer d'Illfurt par des pionniers allemands, furent reconnus faux ultérieurement. Il en est de même de toute une suite d'autres renseignements concernant des violations de frontière, notamment celui qui a rapport au jet de bombes d'aviateurs sur Nüremberg.

Soit dit en passant, l'historien officiel allemand n'aurait pas desservi la cause de son pays en insérant cet important aveu à la bonne place, plutôt que de le dissimuler en caractères minuscules dans le texte d'une note marginale...

Le mardi 4 août, autre nouvelle sensationnelle :

Les Allemands sont entrés en Belgique ! Puis, un peu plus tard, on apprend que l'Angleterre, indignée de la violation de la neutralité belge, déclare la guerre à l'Allemagne et mobilise son armée.

Le matin du même jour, on s'en souvient, les miliciens de l'Elite et de la Landwehr suisses avaient endossé leurs uniformes, décroché leurs fusils et gagné leurs places de rassemblement.

Enfin, pour compléter cette journée mémorable, le général Joffre ordonne au général Dubail, commandant la 1re Armée de laquelle dépend le 7e Corps d'armée renforcé du général Bonneau, de faire exécuter le plus tôt possible par ce dernier l'opération prévue en Haute-Alsace.

CHAPITRE IV

LE DRAME ALSACIEN

La première expédition de Mulhouse.

Mission du 7e Corps français. Nous voici donc ramenés à notre point de départ, au *Drame alsacien* dont les préparatifs se précisent, s'accentuent. Pour en bien comprendre la trame, il faut se rappeler les intentions du généralissime français. Elles n'ont pas changé jusqu'au 4 août. Malgré l'envahissement du Luxembourg et de la Belgique, le général Joffre est toujours disposé à prendre l'offensive, face à l'Est, à « rechercher la bataille en appuyant au Rhin la droite de son dispositif général. » Cette offensive générale débutera le 14 août et sera menée d'abord par les deux armées de droite, Dubail et Castelnau, en direction de la Trouée des Vosges, entre Metz et Strasbourg. La 1re armée du général Dubail aura pour premier objectif Sarrebourg. La 2e armée, Morhange, Sarrebrück.

Mais auparavant, le 7e C. A. (Bonneau) renforcé

de la 8e Division de cavalerie, facilitera l'attaque de
la 1re armée en gagnant rapidement Mulhouse, Colmar et Schlettstadt. Il assurera la sécurité de sa droite
en détruisant les ponts du Rhin et en masquant Neu-
Brisach. Ultérieurement et successivement, le 1er
groupe des Divisions de réserve (à Vesoul), renforcé
par les Divisions de réserve des Alpes, sera chargé de
la surveillance de Neu-Brisach, de l'investissement
de Strasbourg et de la protection de la Haute-Alsace.

Voilà la mission de la droite française, telle qu'elle
est exposée dans le Plan XVII. Elle devait aboutir
à de sanglants échecs. Mais on avouera qu'elle n'était
pas facile. Beaucoup d'écrivains, de critiques militaires français l'ont jugée sévèrement. Le colonel
Grouard, par exemple, bien connu des lecteurs de la
« Revue militaire suisse », écrit dans cette revue :
« L'offensive en Alsace était une absurdité et l'offensive en Lorraine, sans être aussi complètement
inepte, était des plus dangereuses. (1) » Et autre part :
« Descendre en Alsace, c'est s'enfermer dans un cul-
de-sac, au bout duquel se trouve Strasbourg et, par
conséquent, c'est s'engager dans une voie sans issue. »

Même son de cloche pessimiste chez le général Palat : « L'Alsace est un couloir où une armée ne peut
manœuvrer ; elle doit obligatoirement marcher en
avant ou en arrière, et la marche en avant nous
conduit devant la ligne Strasbourg-Molsheim, c'est-à-
dire devant un ensemble de fortifications modernes,
défendue par une forte garnison, pourvue de toutes les

(1) Revue militaire suisse. Avril 1924.

ressources de la technique moderne. L'offensive en Alsace ne pouvait mener à rien, si elle ne se liait à un mouvement très étendu, embrassant aussi bien la rive droite du Rhin, jusqu'à la Forêt-Noire, que la Lorraine jusqu'à la Moselle au moins. Elle présenterait aussi de graves inconvénients politiques. Entrer en Alsace, sans être sûrs de s'y maintenir, serait éveiller dans des populations restées attachées à la France des espoirs peut-être bientôt démentis ; ce serait les exposer à de cruelles représailles, attirer les ravages de la guerre sur un pays que nous avions un pressant intérêt à laisser intact. » (La Grande Guerre sur le Front Occidental, T. II).

Enfin, le général Thévenet prétend que l'offensive était dictée « il faut bien le dire, par des considérations sentimentales et politiques plus encore que par des considérations stratégiques... Le Grand Etat-major français escomptait surtout l'effet moral que produirait l'entrée à Mulhouse des troupes françaises, et se plaisait à espérer que les conséquences en seraient déplorables pour les Allemands. » (La Place de Belfort).

Tel est aussi l'avis du général Berthaut qui, dans son livre : « L'Erreur de 1914. Réponse aux critiques », admet que l'offensive en plaine alsacienne n'avait « aucun objectif militaire. Un de nos généraux d'armée, dit-il, interrogé à ce sujet, ne répondit que par ces mots : Affaire de politique ! »

En revanche, M. Hanotaux, l'historien officieux de la Grande Guerre, appelle cette opération un « acte de haute sagesse stratégique qui répondait à une nécessité évidente et à un danger réel : celui de laisser notre flanc droit à la merci d'une offensive allemande visant Belfort et la Bourgogne ! »

Mais, en voilà assez pour éclairer notre lanterne. Revenons au langage des faits.

La gare badoise de Bâle ?

En exécution des ordres reçus, le 4 août, du commandant en chef, le général Dubail rédige, le 5 à Epinal, son Instruction d'opérations n° 1 à l'usage du 7e Corps d'armée renforcé de la 8e Division de cavalerie et d'une brigade de réservistes prélevée sur la garnison de Belfort. En voici les points essentiels :

« Le détachement, sous les ordres du général Bonneau, se tiendra prêt à entrer en Alsace au premier signal, en se portant « par convergence des 14e et 41e Divisions, sur la région Cernay-Mulhouse, qu'il ne dépassera pas jusqu'à nouvel ordre. Le commandant du 7e C. A. ne perdra pas de vue que des forces ennemies sont susceptibles de déboucher de la région d'Huningue. Il y aurait lieu alors de chercher à les rejeter sur le Rhin ou à les acculer à la Suisse. Aucune opération ne sera tentée sur la gare de Bâle. Enfin, les éléments de couverture occupant la région de Gerardmer resteront sur place jusqu'à nouvel ordre. »

— Aucune opération sur la gare de Bâle ? — Que signifie, dira-t-on peut-être, cette recommandation ?

La Borne des Trois-Puissances.

Batterie lourde française à proximité de la frontière suisse.

Tout simplement que le Plan XVII, dans ses directives à la 1re armée française, prévoyait la destruction éventuelle de la gare badoise de Bâle au cas où celle-ci serait occupée par les Allemands. Nous avons vu que la question fut réglée le 28 juillet, lors de la démarche de l'attaché militaire français auprès du Conseil fédéral. A ce propos, on se rappelle que cette clause servit de prétexte à certaines gens pour accuser la France d'avoir prémédité une violation du territoire helvétique. J'ai renvoyé les intéressés à l'article du colonel Feyler, dans la Revue militaire suisse du mois de juin 1926. Il est clair que si les Allemands, avec ou sans le consentement de la Suisse, avaient occupé militairement la gare badoise du Petit-Bâle, celle-ci devenait territoire de guerre et les attaques françaises se justifiaient. Tous les arguments juridiques contenus dans les deux livres de M. Albert Heider, un Dr. juriste paraît-il, ne parviendront pas à donner le change. Les Allemands l'ont si bien compris que leur rapporteur officiel ne fait aucune allusion à cet incident, pas même à la problématique intention de la France d'empiéter, en cas de nécessité, sur le territoire suisse.

Dans la journée du 5 août, le général Dubail, Cdt. la 1re Armée envoie donc son officier d'ordonnance, le capitaine Fabry, porter au Cdt du 7e Corps d'armée à Belfort l'ordre d'opérations que nous avons examiné. « Le capitaine Fabry revient de Belfort, écrit le général Dubail dans son journal de campagne intitulé : « *Quatre années de commandement.* » Il me fait part des hésitations du général Bonneau qui considère l'opération sur Mulhouse comme délicate et hasardeuse. Il a peur pour son flanc droit et ses derrières ; il craint de s'engager dans une souricière. D'autre part, le gouvernement de Belfort ne peut donner que 2 bataillons actifs ; les 4 autres sont des bataillons de réserve à peine habillés et manquant de cohésion. Dans ces conditions, je limite l'opération à l'occupation du front Thann-Altkirch et j'en remets l'exécution au samedi 8 août. Je n'ai jamais douté de la possibilité, en l'état actuel, de prendre Mulhouse. Quant à y tenir et à progresser vers le N., c'est une autre affaire : le 7e Corps est insuffisant et d'ailleurs, son chef manque de confiance et d'entrain. »

On le comprend ! Le général Bonneau, d'origine alsacienne, n'était que trop bien renseigné. Nous aurons l'occasion de le constater.

Branle-bas d'Avant-Postes.

Avant de le suivre dans l'accomplissement de sa mission difficile, jetons un dernier coup d'œil sur ce qui se passe aux avant-postes, entre la Suisse et les Vosges.

Délivrés de toute contrainte par la déclaration de guerre, les organes d'exploration des deux partis s'en donnent à cœur joie. Le 5 août, un détachement de cavalerie française rencontre près de Réchésy un peloton allemand, le met en fuite après lui avoir tué 3 hommes et fait 2 prisonniers.

Chez nous, à la même date, la 2e et la 4e Brigades

de cavalerie suisse arrivent à Porrentruy dans la soi
rée, pour relever le 24e Bataillon de Landsturm.

Le 6, un escadron du 26e dragons français renforcé
de cyclistes se heurte à un détachement allemand
barricadé dans le village de Magny. Plusieurs tués et
blessés de part et d'autre.

Du côté allemand, nous avons vu le 142e R. d'infanterie occuper une ligne d'avant-postes depuis
la vallée de la Largue jusqu'à celle de la Thur au
pied des Vosges. Devant cette ligne, les 2 R. de cavalerie de Mulhouse, le 5e chasseurs à cheval et le 22e
dragons, battent l'estrade pour masquer la faiblesse
du rideau de couverture.

Le sergent-major de la 4e Cp. du 142e R. I., qui
nous a raconté déjà ses impressions sur la prise des
avant-postes le 31 juillet, continue son récit émaillé
d'intéressantes confidences. Confortablement installée
en réserve au couvent de trappistes d'Oelenberg, sa
compagnie attendait la suite des événements. « Nous
ne savions rien de précis, dit-il. Serait-ce pour de
bon, cette fois ? Ou bien, les diplomates réussiraient-
ils encore à raccommoder une paix boiteuse ? La
réponse à cette question nous parvint le 5 au soir :
Sofort marschbereit halten ! En route ! La compagnie
se porta immédiatement, en chars à échelles, vers
Niedersulzbach (Soppe-le-bas) où, disait-on, un poste
de chasseurs allemands avait été anéanti. Nous occu-
pâmes le village et nos patrouilles s'avancèrent jusqu'à la maison de douane (Zollhaus) d'où l'on découvrait une grande étendue de territoire français. Une
rencontre se produisit avec un détachement français

et, en cette occasion, notre régiment eut ses premiers blessés. Mais les Français fichaient le camp (rissen aus), c'était la chose essentielle, et tiraient très mal ! (miserabel schlecht) ! Le 7 août, ce fut plus sérieux ! » conclut-il.

En effet, nous le verrons bientôt.

Un autre détachement plus important, composé de 1 à 2 bataillons du 112e R. I., 1 batterie d'artillerie et 2 sections de mitrailleurs, vint de Mulhouse, le mercredi 5 août, renforcer l'aile gauche des avant-postes du R. I. 142. Ce détachement mixte avait pour mission initiale d'opérer une reconnaissance en force dans les parages de Bisel-Pfetterhouse où une concentration française était annoncée. Un ordre l'arrêta le soir à Altkirch, prescrivant sa collaboration au service d'avant-postes du R. I. 142 qu'il releva en partie à l'aile gauche. Une de ses compagnies s'installa à Dannemarie, une autre dans la vallée de la Largue. Le reste du détachement occupa Altkirch et s'y fortifia. Une solide position fut organisée pour l'infanterie et l'artillerie sur la hauteur, cote 381, appelée Rehberg, qui domine la ville au Nord.

Prenons-y rendez-vous pour le 7 août.

Les tergiversations du général Bonneau.

En attendant, rejoignons le général Bonneau chargé de la périlleuse mission de marcher sur le Rhin pour y appuyer la droite du dispositif général de l'Armée française. On l'accusait de manquer d'entrain. Mettons-nous à sa place. Somme toute, que lui demandait-on ?

De partir « en vitesse » avec son Corps d'armée de couverture pour attaquer isolément, 8 jours avant ses voisins, un ennemi encore mal repéré sur un front de 45 kilomètres.

On peut discuter l'opportunité, la valeur de l'opération alsacienne projetée. Personne ne contestera qu'elle ne fût prématurée. La preuve ? Joffre lui-même nous la donnera.

Dans son livre de controverse : *La préparation de la guerre et la conduite des opérations* 1914-15, il écrit : « En engageant prématurément des éléments isolés avant la réunion des gros, c'est-à-dire avant d'avoir en main l'ensemble de nos forces, on risquerait de les faire battre en détail. Le succès ne peut être obtenu que par une action d'ensemble nécessitant au préalable la concentration des moyens, leur soudure et leur liaison. »

Alors ? Pourquoi commencer la campagne en violant ces sages préceptes ?

— Affaire politique ! suggère-t-on mystérieusement. Piètre excuse. Au moins, le général Bonneau dispose-t-il de moyens « concentrés, bien soudés et bien liés,» comme le fameux détachement d'avant-garde von Emmich en Belgique ?

Certes, la 8e Division de cavalerie, les 14e et 41e Divisions d'infanterie étaient composées de troupes d'élite ; mais pourquoi les alourdir, au dernier moment, d'une brigade de réservistes à peine équipés et nullement entraînés ? Et si les 3 régiments d'artillerie de campagne du 7e Corps d'armée étaient hors de pair, la seule batterie lourde de 4 canons de 155 vieux modèle, qu'on improvisa au dernier moment comme renfort, serait-elle en mesure d'accomplir la tâche formidable qui l'attendait ?

Autrement dit, avec ses 40.000 hommes de valeur inégale, avec ses moyens très limités, le général Bonneau parviendrait-il : 1) à s'emparer de Mulhouse, 2) à détruire les ouvrages et têtes de pont du Rhin, 3) à remonter vers Colmar ?...

Que savait-il de l'ennemi ? — Que le mince cordon des avant-postes allemands dissimulait un vide s'étendant jusqu'au Rhin. Son bulletin de renseignements, daté du 5 août, signalait, en revanche, de grandes concentrations de troupes dans les environs de Fribourg en Brisgau et plus au Sud.

Un *piège* se préparait. Les Allemands se vantaient d'attirer les Français en Haute-Alsace pour les écraser ou les acculer à la frontière suisse. Ce renseignement était, d'autre part, confirmé, par l'attaché militaire français à Berne.

On comprend que, dans ces conditions, le général Bonneau, conscient de sa responsabilité, ait formulé des réserves. « Je fis observer, par téléphone, que d'après les nouvelles reçues au service des renseignements de Belfort, et celles que m'avaient apportées spontanément des patriotes alsaciens, les Allemands avaient bruyamment évacué Mulhouse et brûlé leurs magasins, dans l'intention, disaient-ils hautement, d'attirer le 7e corps à Mulhouse pour le faire entrer dans la souricière que formeraient d'une part les troupes du XIVe Corps concentrées au N de Bâle, et, d'autre part, celles du XVe Corps au Sud de Colmar. » (Lettre du général Bonneau.)

En haut lieu, on ne veut rien entendre. «Les raisons du général Bonneau sont sans valeur. L'opération projetée aura lieu quelles que soient les circonstances.»

Le général Dubail, après avoir pris l'avis du Grand-Quartier-général, transmet, le 6 août à 14 h. 30, au général Bonneau la confirmation de l'ordre : « Le commandant en chef demande que l'opération sur Thann-Altkirch ait lieu le plus tôt possible et insiste beaucoup sur ce point. En conséquence, cette opération devra être effectuée *demain 7 août* au lieu du 8 août. (Annexe 82).

Le général Bonneau, en vrai soldat, s'incline et répond que, conformément aux ordres « il exécutera dès demain, 7 août, l'opération projetée. »

L'ordre d'attaque.

Le même soir, à 19 heures, il donne son ordre de mouvement et d'attaque pour le lendemain. Le texte de cet ordre intéressera, sans doute, les connaisseurs. C'est pourquoi je me permets d'en reproduire exceptionnellement une copie intégrale :

1re ARMÉE

Secteur des Hautes-Vosges
7me Corps d'armée

ÉTAT - MAJOR

3me Bureau
N° 37

Carte au 80.000° (1 ·
(Allemand et français,

Q. G. de Belfort,
6 août 1914, 19 heures.

ORDRE GÉNÉRAL N° 2
pour les opérations du 7 août.

I. En vue des opérations ultéricures, la couverture des Hautes-Vosges sera portée le 7 août sur la ligne de la Schlucht, Rheinkopf, ballon de Guebwiller, Cernay, Altkirch.

L'opération sera conduite dans les conditions ci-après :

II. 41e *division* :

a) le 152e régiment d'infanterie. ⎫ sous les or-
le   5e bataillon de chasseurs. ⎬ dres du gén.
1er escadron du 11e chasseurs. ⎬ cdt. la 81^e
1er groupe art. div. 41...... ⎭ brigade.

maintiendront leurs positions de couverture en liaison avec le 12 ^e C. A.

b) Le reste de la 41e division, sous les ordres du général cdt. la 41e div., débouchant en plusieurs colonnes du col d'Odern inclus, au ballon d'Alsace inclus, marchera dans la direction de Thann, où ses gros devront se trouver établis en fin de journée.

Elle s'assurera la disposition ferme des deux routes des cols de Bussang et d'Odern sur Thann, qui doivent servir pour ses ravitaillements et qu'elle couvrira au Nord-est de Cernay. (Sennheim).

Les Avant-postes seront franchis à 4 heures.

c) Zone d'action limitée au Sud par la ligne exclue Giromagny, Masmünster (Massevaux) Niederburbach (Bourbach le Bas), Rodern.

---

(1) Les lecteurs désireux de suivre les opérations en détail peuvent se procurer les cartes d'E. M. fr. au 1/80.000^e, chez Payot et Cie, Lausanne.

Feuilles au 1/80.000^e

100 Belfort	101 Mulhouse
114 Montbéliard	115 Ferette

III. Le bataillon du 42e de Giromagny franchira la frontière à 4 heures et marchera sur Masmünster (Massevaux).

IV. *Le général commandant la* 14e *division* disposant de :
14e div. (moins 27e brigade, 1/2 compagnie G. 14, 2 Gr. A. D. 14) ;
2 escadrons du 11e chasseurs ;
2 groupes A. C. (rendus 4 heures aux Ernes, sud de St-Germain ;
114e br. de réserve (moins 2 bataillons) rendue 4 h. Fontaine ;
prendra l'offensive dans la direction de Sennheim (Cernay).
Mission : a) Assurer les débouchés de la 41e division sur Thann et Sennheim (S. E. Massevaux).
b) Tendre à occuper en fin de journée la ligne Aspach, Ammerzwiiler.
Le général commandant la 14e division emploiera la 114e brigade à assurer sa liaison avec l'offensive de la 27e brigade sur Altkirch.
c) Zone d'action limitée au sud par la ligne exclue Reppe, Niedertraubach (Traubach le Bas) Buthweiler, canal du Rhône au Rhin.

V. *Le général commandant la* 27e *brigade disposant de* :
27e brigade ;
2 groupes A. D. 14 ;
1 escadron fourni par la 8e Div. cav. et rendu à 4 heures à Montreux-Château ;
1/2 C. G. 14.
prendra l'offensive sur Dammerkirch (Dannemarie), puis Altkirch.

VI. Les A. P. de la 14e division seront franchis à 5 heures.

VII. Une fois arrivées sur la nouvelle ligne de couverture assignée par le présent ordre, les troupes se fortifieront sur place.

VIII. La 8e Div. cav. coopérera successivement aux attaques de la 27e brigade sur Dannemarie, puis Altkirch, en opérant au besoin, pour cette dernière attaque, par le sud des forêts communales. (Birkenwald).
Elle remettra à la disposition de la 27e brigade le bataillon du 44e (rendu à 4 heures Chavannes-les-Grands).

IX. *Troupes réservées* à la disposition du général Cdt. le 7ᵉ corps ;

a) { 2 bataillons de la 114ᵉ brigade ; / 1 batterie de 155 court fournie par la place / 2 groupes art. camp. / G. C. } rendus 6 heures entre Larivière et Angeot.

b) 2 compagnies de chasseurs forestiers (7ᵉ compagnie Giro·many, 11ᵉ compagnie Chenebier) quitteront leurs cantonnements à 4 heures et se rendront à Rougemont-le-Château.

X. *Poste de Commandement* du général cdt. le 7ᵉ corps ; La Chapelle-sous-Rougemont, 6 heures. — Une compagnie de la 28ᵉ brigade y sera rendue à 5,30 h. pour la garde du P. C.

Le Q. G. du 7ᵉ corps restera à Belfort jusqu'à nouvel ordre.

XI. *Liaisons télégraphiques.* Un poste établi à 6 heures à la Chapelle-sous-Rougemont reliera le P. C. avec le Q. G. du C. A. et aussitôt que possible avec Soppe-le-Bas (Niedersulz·bach) (14ᵉ division et Valdieu. (Gottesthal) (27ᵉ brigade). Des comptes-rendus seront adressés d'heure en heure au cdt du 7ᵉ C. A.

XII. *Officiers de liaison rendus* à 6 heures à La Chapelle-sous-Rougemont.

XIII. Les ambulances 3 et 4 et le groupe de br. div. seront rendus à 7 heures à Frois à disposition 27ᵉ brigade. Les ambulances 5 et 6 et la S. Hos. no 3 rompront de Ronchamp à 1 heure et se porteront par Frahier et Belfort sur Rappe à la disposition du service de santé. — Le Gr. br. C. aura une section avec ambulance Nº 1 (14ᵉ division), le reste du groupe avec les ambulances 5 et 6.

XIV. *Mouvements des T. R.* (voitures diverses) seront groupés pour 8 heures aux points suivants : Vellescot : 8 D. C. — (Frois : éléments sous les ordres du cdt. 27ᵉ brigade). St.Germain : éléments sous les ordres du général cdt. la 14ᵉ Div. et troupes réunies.

P. A. Le chef d'E. M.   Le général cdt. 7ᵉ C. A.

Challe.   Bonneau.

En résumé, le commandant du 7ᵉ Corps d'armée donnait l'ordre à ses subordonnés de porter en avant tout le dispositif de couverture qui, le soir du 7 août, devait se trouver sur la ligne Thann-Altkirch.

Pour atteindre ces objectifs, la 41e Division (général Superbie) *à gauche*, laissant une brigade de couverture au sommet des Vosges, descendrait la vallée de la Thur et gagnerait Thann.

Au centre, la 14e Division (Général Curé) s'avancerait entre les Vosges et le canal du Rhône au Rhin ; *à droite*, la 27e brigade renforcée marcherait sur Altkirch par Dannemarie. La 8e Division de cavalerie couvrirait le *flanc droit* jusqu'à la frontière suisse et coopérerait à la prise d'Altkirch. Enfin, le général Bonneau constituait une réserve derrière le centre pour manœuvrer au gré des circonstances.

1re Étape.

Le vendredi 7 août.

Le vendredi 7 août, avant l'aube, les différentes colonnes se concentrent et prennent leur formation d'attaque derrière le rideau des avant-postes. Précédées de nombreuses patrouilles de cavalerie, elles franchissent la frontière d'Alsace en renversant les poteaux indicateurs.

Accompagnons-les, en commençant par la *gauche*.

a) *A la crête des Vosges*, le général Superbie a fractionné la 41e Division en 3 groupes. L'un (152e R. I. et 5e bat. chasseurs) reste en couverture, par ordre supérieur. Les deux autres descendent dans la vallée de St-Amarin par les cols d'Odern (23 R. I.) et de Bussang (153e R. I. et 15e bat. chasseurs). A la jonction des routes venant des cols, les deux colonnes se heurtent, vers 9 heures, à une position fortifiée à l'ouest de Wesserling, qui barre complètement le débouché. Le combat s'engage. Une batterie française bombarde la position, tandis que l'infanterie la tourne par la gauche et par la droite. Menacée d'être enveloppée, la compagnie allemande abandonne ses emplacements avant l'assaut et se retire en direction de St-Amarin-Thann. Les Français eurent une quinzaine d'hommes tués et de nombreux blessés. Ils reprennent leur marche en une seule colonne et, vers le soir, atteignent, sans autre incident marquant, *Thann*, le débouché de la vallée, où ils cantonnent.

b) Au centre, la 14e Division a formé également 2 colonnes. La 28e Brigade, à gauche, s'avance à cheval sur la grand'route Belfort-Cernay, couverte au pied des Vosges par 1 escadron du 11e chasseurs. A sa droite, la 114e Brigade de réserve progresse en direction de Galfingen-Zillisheim et assure la liaison avec la 27e Brigade marchant sur Dannemarie. Derrière elle, suivent les troupes de réserve à disposition du commandant de Corps d'armée. Une série de petits combats s'engage sur tout le front des avant-postes allemands qui sont bousculés facilement. Les cavaliers du 22e Régiment de dragons et du 5e Régiment de chasseurs à cheval, ainsi que les compagnies du 142e Régiment d'infanterie, tiennent le plus longtemps possible et se retirent ensuite « planmässig » en direction du Rhin.

Baptême du feu.

Certes, les combats minuscules qui furent livrés en cette occasion sont des jeux d'enfants comparés au formidables batailles ultérieures. Néanmoins, ils ont quelque chose d'inédit, d'intéressant, de spécial pour nous, parce qu'ils constituent les « baptêmes du feu » et, comme tels, les préliminaires suggestifs des grands chocs futurs. Je suis certain que le récit d'un participant ne manquera pas de retenir l'attention de tous ceux qui ont connu ou non les premières émotions du champ de bataille. J'en emprunte des extraits à la « Nouvelle Revue » qui a publié jadis d'impressionnantes notes d'un acteur du drame, le capitaine P. P. Cet officier commandait alors, en qualité de lieutenant, un peloton d'infanterie (2 sections) appartenant à la 28e Brigade de la 14e Division, qui s'avançait, le 7 août, des 2 côtés de la grand'route Belfort-Cernay. Il avait pour mission de protéger le régiment de gauche et de servir au besoin de repli à l'escadron de chasseurs patrouillant sur le flanc de la colonne.

A 5 heures du matin, le lieutenant et son peloton franchissent la frontière : « Pour nous tous, dit-il, un tel événement fut une source de vive émotion. Celle-ci ne se traduisit que par des cris, des chants, des képis agités ; les manifestations frénétiques ne convenant pas à la modestie militaire, les discours

non plus. Je commandai simplement à mon détachement en passant devant les poteaux : « Pas
cadencé, l'arme sur l'épaule droite ! » Puis : « Pré-
sentez ...armes ! » Et mes hommes me comprirent
bien mieux que si j'avais prononcé le plus délirant
discours ; et leur cœur, sous l'épaissse capote bleue,
a battu bien plus fort, dans le silence rigide de ce
défilé correct, que si j'eusse fait des gestes théâtraux. »

En route, notre lieutenant émet des réflexions sur
les poteaux-frontières bien connus des soldats de la
garnison de Belfort. « C'est vers eux que les recrues
allaient méditer sur la grandeur possible de leur rôle
futur. Poteau français, une pancarte sur une tige de
bois, quelque chose de pas sérieux, de léger, de pro-
visoire... Poteau allemand, un lourd colosse de bronze
écussonné de l'aigle impérial, cravaté de Deutsches
Reich, quelque chose de mastoc, de trapu, de définitif ! »

Bientôt, le détachement quitte la route, coupe à
travers champs ou longe les mystérieuses forêts de
sapins du pied des Vosges, « de vrais sapins gothiques
à la Gustave Doré ou à la Victor Hugo, admirable-
ment entretenus. Je me souviens, continue le lieutenant, de notre impression de crainte, en longeant
ce bois mystérieux et solennel, si sombre que de l'extérieur le regard ne pouvait y pénétrer à 10 mètres.
Ah ! je vous prie de croire que nos éclaireurs et mes
agents de liaison faisaient leur métier dans cette marche à l'ennemi, en toute première loge pour trinquer,
à plus de 1.800 mètres du gros du régiment ! »

La marche se poursuit ainsi pendant quelque
temps, lente, prudente, méthodique, dans la cam-

pagne déserte et comme vidée. « En France, dans les champs, il y avait encore des travailleurs. En Alsace, personne !

A 6 h. 30, mes éclaireurs de tête arrivent à la lisière du bois, face au village et à la vallée de la Sulz. (Sulzbach).

Là, je les vois s'arrêter et prendre le fossé droit de la route, assez profond. Au même instant, un coup de fusil éclate, sec, strident, suivi de l'espèce de hullulement très spécial que fait notre balle en déchirant l'air. « Tiens ! ça fait le même bruit qu'au champ de tir ! » Et je vois en même temps un cavalier ennemi dont le cheval se cabre, tout debout et frémissant, faire tête à queue et dégringoler sur son maître, l'écrasant parmi les blés mûrs. D'autres cavaliers surgissent, remontent la côte, une douzaine au plus.

Une salve des éclaireurs en jette 2 ou 3 par terre ; les autres descendent à fond de train jusqu'au village où ils s'engouffrent en trombe salués par les balles.

Cette rapide échauffourée, vision brève de sabres levés, de lances brandies, de chevaux échevelés, suffit à inquiéter les Allemands installés sur la crête dominant de ses pentes raides l'autre rive de la Sulz. Sur près de 1 km. de front, toute la longue colline en face de nous se mit à tirailler, visant le rentrant du bois par où débouchait notre route. Autour de nous les balles font un bruissement sonore, puissant, modulé, parce qu'elles passent à des distances variables au-dessus de nos têtes. »

Les soldats allemands que le peloton du lieutenant

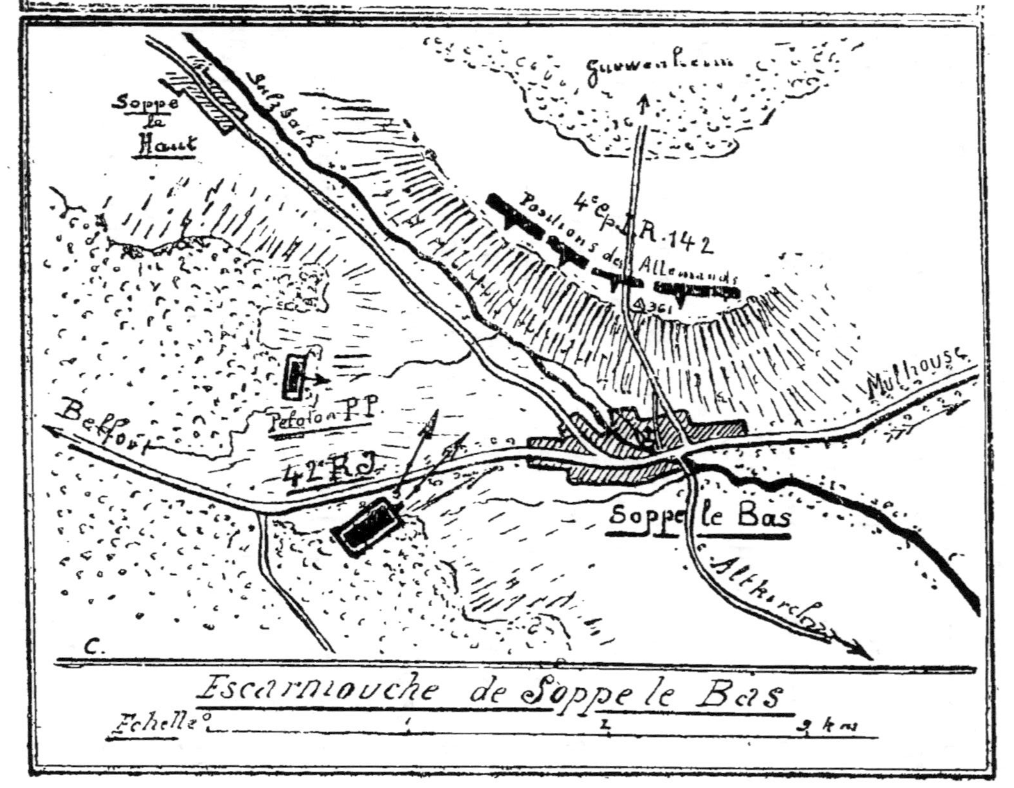

Escarmouche de Soppe le Bas

Chasseurs d'Afrique.

En patrouille.

P. a en face de lui appartiennent à la 4e compagnie du 142e Régiment badois, dont le sergent-major, on s'en souvient, nous a conté le départ précité du couvent d'Oelenberg pour Niedersulzbach. (Soppe-le-Bas). Cette compagnie s'est installée sur la hauteur, cote 361, dominant, au nord, le village de Soppe-le-Bas.

Le lieutenant P. déploie son peloton à la lisière du bois, au nord de la grand'route, à 800 mètres du village précité. Les hommes étant terrés, l'officier donne son ordre d'attaque. Je lui rends la parole : « Chefs de sections, à moi ! » Sous la rafale qui ne ralentit pas, nous nous couchons tous les cinq derrière de gros arbres. Devant nous, notre champ de bataille, la petite vallée du Sulzbach, aujourd'hui un enfer. Là-bas une route, comme il y en a tant : la route nationale de Belfort à Mulhouse, quasi une route de France, toute droite, avec des peupliers. Des labours, des champs de blés mûrs, des meules coniques et coiffées de travers. Des vergers comme il y en a tant. Au milieu, un village, comme il y en a des quantités sur notre sol, un clocher. Derrière le village, la rivière, 3 ponts. Dominant la rivière, une longue croupe dénudée, empanachée çà et là de maigres bouquets d'arbres. L'ennemi est là-haut, embusqué dans des tranchées. A la jumelle j'en vois quelques-uns : Ils me semblent verts, ils sont gris, ils sont visibles, moins que nous peut-être, mais on les voit. La couleur invisible n'est pas encore trouvée ; elle appartient à Wells jusqu'à plus ample informé, et à lui seul. — Les ordres maintenant. Il faut en

7

finir : « L'adjudant ! Première section : Objectif : la maison la plus à l'ouest du village. — Sergent K..., objectif : le carrefour ! — Sergent F..., objectif : le pont à l'ouest du clocher ! La 4ᵉ section, ici jusqu'à l'arrivée du régiment que j'envoie prévenir. Dès que le régiment sera ici, objectif : le pont à l'est du clocher ! Barricadez-vous dans le village. J'y vais et vous y donnerai de nouveaux ordres. Exécution ! »

Et voilà la volière lâchée ! Le cycliste maintenant : « Portez ce papier au colonel, et à toutes pédales ! Vous le trouverez sur la route de Belfort à Lachapelle. Allez ! » Dans le papier, il y avait un croquis sommaire, l'estimation faite des forces ennemies rencontrées, leur emplacement reconnu grosso-modo, à la jumelle et au son, et une phrase pour finir : « J'attaque Soppe-le-Bas. 6 h. 50. »

Ouf ! et maintenant je respire. Le plus gros de ma tâche est fait. La préoccupation du commandement diminue, la peur arrive. La peur ? — Mais parfaitement, la peur ! Tout le monde a peur au combat, mais chacun a peur différemment suivant ses nerfs et son tempérament. Le lâche est celui qui ne peut pas maîtriser sa peur. Mais on peut être un héros et avoir peur en même temps. Quand il fait chaud, vous avez chaud ; quand les balles sifflent, vous avez peur. C'est la même chose. C'est la réaction psychophysique devant la mort qui passe et vient peut-être !

Heureusement que la peur n'est pas constante ; comme toute chose humaine, surtout comme tout sentiment d'une part et toute sensation d'autre part, elle est sujette à des hauts et à des bas. « Sapristi ! j'ai oublié de donner tel détail à mon colonel ! » la peur disparaît. « Dzimm ! toc ! » tout près de l'oreille ! la peur revient au galop. « — Mais qu'est-ce qu'il fait l'animal ! il ne marche pas ! » la peur s'enfuit.

Chaque fois que je suis resté livré à moi-même sous le feu, pouvant penser librement aux miens, à l' « arrière », j'ai eu peur. Chaque fois que j'ai eu à faire œuvre de chef, c'était fini. Constater cet état d'âme, vérifier ainsi la fermeté de son esprit, constater ainsi par soi-même et devant le tribunal de sa propre conscience, la valeur de son sang-froid, c'est ce que j'appelle le baptême du feu. L'expérience faite, on connaît d'avance la réaction : on sait d'avance dans quelle mesure on aura peur.

Il y a une autre expérience qui se fait en même temps. A côté de l'effet moral, il y a aussi l'effet physique. Faire connaissance avec lui, c'est aussi recevoir le baptême du feu, un baptême moins poétique, par exemple. Pour moi, l'effet physiologique de la peur fut double : soif ardente, envie immodérée d'uriner — les prudes pardonneront ma franchise militaire. — Pour d'autres que j'ai interrogés curieusement sur ce sujet, ces effets sont les plus divers, les plus abracadabrants : sueur abondante, ou larmes nerveuses, ou maux de ventre, ou nervosité exagérée, ou maux de tête. Le serrement au creux de l'estomac avec, simultanément, un besoin naturel, est le cas le plus général. D'ailleurs, l'histoire ne nous donne-t-elle pas des exemples illustres sur un tel sujet ? Le maréchal Ney, le brave des braves, avant chaque bataille était obligé de... parfaitement !... Son fond de culotte trinquait régulièrement !...

Donc, c'est à la corne de ce bois, face à Soppe-le-Bas, que je connus mes réactions sous le feu. J'y suis resté une demi-heure environ, avec mes agents de liaison et la 4e demi-section. Pendant ce temps, les 3 autres petits paquets progressaient régulièrement vers leur objectif. Je les devinais plus que je ne les voyais, car ils utilisaient merveilleusement les moindres accidents du sol. Je les aperçus se précipitant dans le village. J'y entendis une brève fusillade — mon adjudant m'a raconté que c'étaient les derniers cavaliers ennemis qu'il avait nettoyés. Dix minutes après, tout restant calme en bas, je laissai à mon sous-officier un papier pour le colonel, disant que je lui tenais les débouchés nord de Soppe-le-Bas et attendait ses ordres ultérieurs, et je partis à mon tour avec ma liaison. La mitraillade ennemie avait diminué d'intensité. Néanmoins, ces 800 mètres à franchir par bonds au pas de course, suivis d'un aplatissement pour reprendre haleine, ne forment pas un sport délicieux.

Je trouvai un village désert, volets clos. Aux points fixés, mes trois demi-sections reprenaient haleine et s'organisaient en barricadant toutes les issues. On respirait d'ailleurs dans ce village, masqués par des maisons. A ce moment précis, mon cycliste arrivait en trombe. Le régiment était là. Au premier coup de fusil, le colonel avait compris que le village devait être occupé, que sa flanc-garde était peut-être dans une situation critique. Le régiment avait doublé le pas et venait à notre secours. Il attaqua aussitôt en trois colonnes, c'est-à-dire les 3 bataillons accolés : le 1er bataillon droit sur le pont de la route nationale, que la faiblesse de mon effectif m'avait forcé à négliger ; le 2e bataillon à droite, le 3e à gauche. Nous n'eûmes qu'à rester spectateurs du combat que nous avions allumé. En vingt minutes, malgré la fusillade nourrie des Allemands, le ruisseau était bordé de chaînes de tirailleurs, franchi à la diable, de l'eau jusqu'au ventre. Les renforts suivaient de près. J'eus l'ordre de ne pas bouger et de tenir Soppe-le-Bas, point d'appui solide en cas d'échec, jusqu'à ce que le régiment fût maître de la hauteur. Les Allemands n'attendirent pas nos baïonnettes. Ils s'enfuirent d'eux-mêmes. Quand j'arrivai sur le chemin de terre qui suit cette longue croupe, nos diverses unités se rassemblaient ; des cadavres ennemis gisaient çà et là. Et nous reprîmes notre marche vers le nord-est, poursuivant l'ennemi battu. »

Tel est le récit vivant, émouvant, sincère du lieutenant P. P. — Tout commentaire serait fastidieux...

Le soir, la 14e Division atteignait les objectifs qui lui étaient assignés et stationnait sur la ligne Aspach-Ammertzwiller, à 15 km. de Mulhouse.

Le combat d'Altkirch.

c) — Passons à la 27e Brigade du général Berge, qui, formant la droite du 7e C. A., a pour mission de marcher sur Altkirch, flanquée au sud de la 8e Division de cavalerie opérant vers la frontière suisse. Elle aussi s'est mise en marche à l'heure indiquée, couverte par un escadron du 22e dragons. Sa progression est lente à cause du brouillard qui masque le terrain. De l'autre côté de la frontière, vers Retzwiller, le régiment d'avant-garde s'est heurté à une compagnie d'infanterie du 112e R. allemand. Après une courte résistance, celle-ci a battu en retraite, direction Dannemarie-Altkirch. A midi, le brouillard s'étant dissipé, la 27e Brigade s'arrête à Dannemarie et prend ses dispositions pour attaquer Altkirch, qu'on dit occupée par une brigade d'infanterie allemande renforcée d'artillerie.

d) — Laissons le général Berge à ses préparatifs et voyons ce qu'a fait la 8e Division de cavalerie à sa droite.

Rassemblée à 5 heures du matin entre Courtelevant et Réchésy, sous la protection de ses avant-postes, la division de cavalerie se dirigea sur Altkirch en deux colonnes, déblayant devant elles le terrain entre cette ville et la frontière suisse. Il en résulta de nombreuses escarmouches, notamment à Pfetterhouse, Seppois et à Largitzen, où la cavalerie allemande laissa quelques tués et blessés sur le carreau. Les deux colonnes convergèrent ensuite vers le plateau du Signal d'Altkirch par la vallée de l'Ill. Des reconnaissances envoyées dans la localité rapportèrent qu'elles avaient pénétré jusqu'au cœur de la place sans rencontrer d'ennemis, et que la population les avait bien accueillies. La ville d'Altkirch, située sur la rive droite de l'Ill, est dominée au N. et au S. par deux hauteurs. Celle du N., le Rehberg, nous le savons, était fortement occupée par les Allemands. Le général Aubier s'en doutait. Il donna l'ordre à deux escadrons du 11e dragons de traverser la ville pour reconnaître cette position où l'on voyait, à la jumelle, des traces de tranchées, tandis que lui-même se portait avec le gros sur la hauteur S. ou Signal d'Altkirch. Ces deux escadrons tombèrent dans une embuscade préparée à la sortie N. de la ville où le pont sur la rivière était barricadé. Après un rapide et vif combat qui leur coûta des pertes sérieuses, les cavaliers se retirèrent sur le gros de la division. Au moment où ils rejoignaient celle-ci à proximité de la route Hirsingen-Wittersdorf, l'artillerie allemande ouvrit brusquement le feu sur les colonnes. Un obus éclata au beau milieu d'un groupe d'officiers, blessant grièvement un colonel (Ruelle) et plusieurs de ses compagnons. Sous les rafales d'obus, les escadrons firent demi-tour et rentrèrent en trombe dans les forêts voisines. Là, ils attendirent l'arrivée de la 27e Brigade d'infanterie pour coopérer avec elle à l'attaque des positions d'Altkirch.

Bientôt cette attaque se dessina sur la gauche, où la brigade Berge s'avançait de Dannemarie, en 2 échelons à cheval sur la grand'route. Arrivés au sommet de la rampe, près de la Tuilerie de Bannholz, les tirailleurs du 44e Régiment formant le 1er échelon furent accueillis par une salve de shrapnells provenant de la batterie allemande en position sur

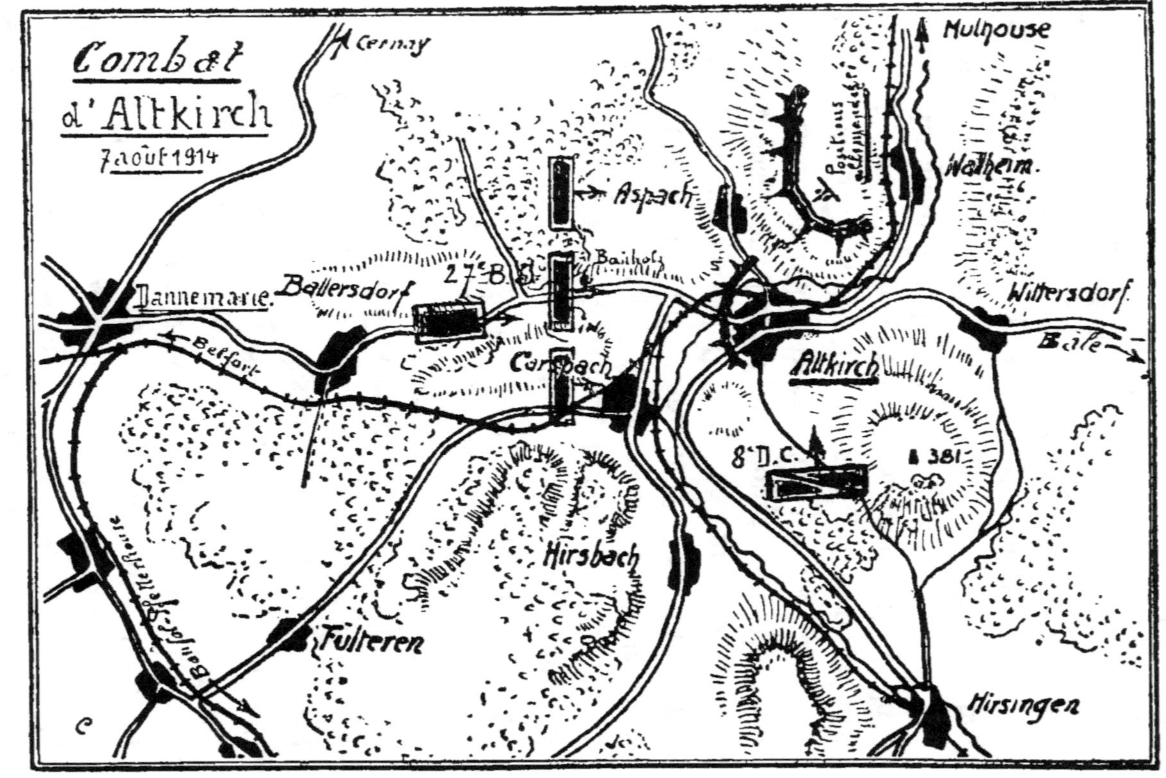

Combat
d'Altkirch
7 août 1914
Cernay
Mulhouse
Aspach
Walheim
Positions allemandes
Baiholz
27e B. C.
Dannemarie
Battersdorf
Wittersdorf
Belfort
Corspach
Altkirch
Bâle
8e D. C.
381
Hirsbach
Banlot-Kellerhouse
Fulleren
Hirsingen

le Rehberg. L'artillerie française s'installa derrière la crête et le combat s'engagea sur toute la ligne. Tandis que la 27e Brigade attaquait frontalement la position par l'ouest, la 8e Division de cavalerie cherchait à la tourner par le sud et par l'est. « La résistance est opiniâtre, raconte un combattant du 44e R. français engagé face à Altkirch, mais rien n'arrête nos soldats. Malgré les meurtrières rafales tirées des premières maisons et des rames de wagons qui entourent la ville, le colonel Bouffez entraîne son régiment dans une intrépide charge à la baïonnette sur plus de 600 mètres. Blessé d'une balle au ventre, il est remplacé par le lieutenant-colonel Letellier qui, en tête de ses hommes, repart immédiatement à l'assaut. A 17 heures, Altkirch était pris. » (Historique du 44e Régiment).

— Une charge à la baïonnette sur plus de 600 mètres sous le feu ! Voilà qui rend rêveur. C'est bien là une de ces héroïques folies « tactiques » qui devaient coûter si cher à l'Armée française de 1914...

Mais quittons un instant cette dernière et gravissons la hauteur occupée par les Allemands pour voir ce qui s'y passe. Nous y trouverons le détachement combiné du 112e Régiment arrivé de Mulhouse, on s'en souvient, le 5 au soir, pour renforcer l'aile gauche des avant-postes du 142e Régiment.

Nous avons entendu des récits détaillés de témoins français. Ecoutons maintenant les impressions d'un combattant allemand posté sur le Rehberg. Je traduis. « Vers midi, dit-il, nous vîmes de longues colonnes de cavaliers, dont les cuirasses étincelaient au

soleil, chevaucher sur la route Hirsingen-Wittersdorf. A la jumelle nous pûmes constater l'effet meur-
trier des 4 canons de notre batterie tirant dans le
tas... En outre, nous reconnûmes avec satisfaction
l'avantage que présentaient nos uniformes gris-vert
sur les pantalons rouges des Français. Vers 1 heure
après-midi, nos postes restés près de Bannholz, à mi-
chemin entre Altkirch et Ballersdorf, se retirèrent
en signalant l'approche de fortes subdivisions d'infanterie. L'excitation fut à son comble ! A 1 h. 30,
les premiers fantassins français apparurent sur la
crête de Bannholz, en longues chaînes de tirailleurs
bien alignées, comme sur la place d'exercice. Mais bien
vite ce long « collier de perles » (Perlenschnur) fut
repéré et salué par les salves de notre artillerie. Ins-
tantanément aussi, les tirailleurs disparurent derrière la crête en laissant des leurs sur le carreau.
2 batteries françaises qui cherchaient à prendre
position derrière la même crête furent aussitôt mises
hors de combat. Nos fantassins, couchés en avant
des pièces, observaient silencieusement la scène en
attendant le moment d'ouvrir le feu à bonne distance. Ils admiraient le travail de notre artillerie dont
la terrible efficacité du feu leur apparaissait pour la
première fois......

Sur le front, de nouvelles troupes ennemies sur-
gissant partout nous donnèrent pas mal d'occupation. Le gros des forces de l'adversaire obliqua vers
le Sud, menaçant notre flanc gauche. Son artillerie
avait réussi à prendre position entre Bannholz et
Carspach. Devant, derrière et au-dessus de nous,

obus et shrapnells éclataient : mais ce spectacle nouveau était si intéressant qu'on en oubliait le danger ! A 6 heures du soir, la première ligne ennemie parvenue à 100 mètres de notre extrême gauche menaçait de nous envelopper. Ce que voyant, le lt.-colonel Neubauer donna l'ordre au détachement de se retirer par Wahlheim, Tagolsheim sur Illfurt. Nous avions accompli notre tâche et arrêté pendant toute une journée des forces ennemies considérables. La rupture de contact et la retraite par la crête du Rehberg, à proximité de l'ennemi, s'effectuèrent très facilement et sans grandes pertes. L'adversaire poursuivit à peine et son artillerie ne nous incommoda nullement. »

En effet, contrairement à ce qu'on a prétendu, les Français renoncèrent à la poursuite. Et pourtant la cavalerie aurait eu là une belle occasion de couper la retraite à tous ces petits détachements, qui, le soir, refluaient hâtivement vers Mulhouse. Quelle fut la cause de cette inaction ? La fatigue ? C'est possible. Les chevaux de la 8e Division de cavalerie étaient littéralement fourbus par suite d'un service d'avant-postes de 8 jours, fort pénible. Quant aux fantassins, le lieutenant P. P. nous dit que certaines unités avaient dans les jambes plus de 50 km. d'une traite. Quoi qu'il en soit, la cavalerie laissant une couverture sur l'Ill se retira à Bisel et aux 2 Seppois où elle passa la nuit. La 27e Brigade elle-même rétrograda partiellement sur Dannemarie. Ce n'est que le lendemain qu'elle reçut l'ordre de réoccuper Altkirch et de fortifier les hauteurs situés au N. et à l'E. de cette localité.

Sur tout le front, le contact avec l'ennemi fut perdu. Ce dernier abandonnait le terrain à l'ouest de Mulhouse, à la grande surprise de ceux qui n'étaient pas initiés aux secrets de l'Etat-major allemand. « Nos hommes ne pouvaient comprendre, raconte notre narrateur précité, pourquoi nous nous retirions devant les Français sans être battus ; mais les malins souriaient et disaient : « Laissez faire ! nous voulons seulement les attirer dans un piège et alors gare la casse ! (Wir wollen sie ja blos heranlocken um ihnen Falle zu stellen, und dann soll's einen Spass geben !) » (Das 7. Bad. Inf. Regt. 142 im Weltkrieg 1914-18).

Le rédacteur du communiqué officiel français du 8 août ne se doutait guère des surprises du lendemain quand il annonça au monde entier le fait d'armes d'Altkirch en ces termes : « Il serait prématuré d'indiquer aujourd'hui quelles peuvent être les suites de ce premier succès. Ce qui est à retenir, c'est qu'une brigade française attaquant une brigade allemande retranchée l'a mise en déroute ; le mot « déroute » est le seul qui convienne ici. Devant notre charge à la baïonnette, les Allemands se sont enfuis à toutes jambes !... »

Gasconnade ! Reconnaissons qu'elle est bien un peu exagérée !...

Deuxième étape.

Le samedi 8 août.

Au Grand Quartier général français, on n'était

cependant pas content. Après avoir pris connaissance du compte-rendu des opérations du 7 août, le général en chef fait dire au général Dubail qu'il regrette la lenteur et les hésitations du commandant du 7e Corps. Il s'agit d'occuper Mulhouse sans tarder et de détruire non moins rapidement les ponts sur le Rhin à Hüningue et en aval.

Le général Dubail commente ces choses dans son journal : « Ce matin 8 août, je reçois un message téléphonique du G. Q. G. On s'impatiente un peu à Vitry et on a tort ! Le général en chef critique les hésitations du 7e Corps et donne l'ordre ferme d'atteindre Mulhouse et de détruire les ponts du Rhin... Si je n'ai pas donné, dès avant-hier, l'ordre formel de marcher sur Mulhouse, c'est qu'en raison de la timidité du Cdt du 7e Corps je pouvais craindre que ce 7e Corps n'abandonnât sa conquête sur une menace quelconque. Or, la retraite du 7e Corps aurait, au point de vue moral, plus d'inconvénients que la prise de Mulhouse ne présente d'avantages. Mais, puisque le G. Q. G. attache une importance particulière à cette opération, il n'y a plus à hésiter. »

Là-dessus, le général Dubail téléphone au général Bonneau l'ordre d'occuper Mulhouse dans la journée, et de préparer la destruction des ponts du Rhin. Il lui conseille de commencer par celui de Chalampé (en face de Mulhouse). Quant à ceux d'Istein et d'Huningue, leur destruction semble devoir faire l'objet de coup de main à confier... à la cavalerie !

Le lieutenant-colonel Débeney est chargé de porter à Belfort la confirmation de cet ordre et d'en activer l'exécution. « Il me faudrait des casse-cou à la tête des détachements de destruction ! continue le général Dubail. Le G. Q. G. ne se doute certainement pas des difficultés que présentent ces opérations. Il compte évidemment produire, par un succès de ce côté, un grand effet sur l'opinion publique. Mais sacrifier peut-être un corps d'armée, ce serait payer trop cher cet effet. »

Le général Bonneau se doutait, lui, des difficultés de l'opération et surtout des risques que courait son corps d'armée isolé ! « Servitude et grandeur militaires ! » Quel est le chef qui n'a pas connu ces angoisses-là ? Mais on ne transige pas avec la discipline. Le samedi 8 août, à 10 heures du matin, le commandant du 7e Corps donnait l'ordre à ses troupes de franchir, dès midi, la ligne des avant-postes et de marcher sur Mulhouse et Cernay. Puis, soucieux de sa responsabilité, il crut bon de télégraphier directement au ministre de la guerre et au général en chef « qu'il portait sa couverture sur la ligne Cernay-Mulhouse-Altkirch. » En réponse, ce dernier lui fit observer, par la voie hiérarchique, que le 7e Corps n'avait plus une mission de couverture mais qu'il était « chargé d'une opération de guerre qu'il doit remplir sans aucune arrière-pensée et au plus tôt. »

Ces détails et ces dessous de cartes paraîtront fastidieux, peut-être. Néanmoins, il importe de les connaître pour bien comprendre les péripéties du drame qui se joue sous nos yeux.

A midi donc, par une chaleur tropicale, à l'heure

où les têtes de la 2e Division suisse débouchent dans la vallée de Delémont, tout le dispositif du 7e C. A. se remet en route, dans les mêmes formations que la veille. Tandis que la 27e Brigade, à droite, s'arrête et s'installe sur les hauteurs à l'est d'Altkirch, les autres colonnes convergent vers Mulhouse ou Cernay sans rencontrer de résistance. Les Allemands ont bel et bien fait le vide. Dans le lointain, leurs patrouilles s'éclipsent devant la cavalerie ou les avant-gardes françaises. « Tout cela nous semble drôle, louche, mystérieux, raconte le lieutenant P. P. Et cette longue étape fut faite sans incidents, aussi monotone qu'une marche de concentration, de pause en pause, de coup de sifflet en coup de sifflet. Un cheval crevé, de temps à autre, nous rappelait qu'on était en guerre. Les villages nous accueillaient bruyamment, curieusement, avec des seaux d'eau, des seaux de bière, des seaux de vin, où nos soldats puisaient au passage à grands coups de quarts, parmi les jurons des serre-files désireux de maintenir l'ordre. »

Arrivées à Dornach, aux portes de Mulhouse, les têtes de colonnes s'arrêtent longuement. Une sorte d'indécision plane. Les officiers paraissent surpris, méfiants, inquiets de ce succès trop facile. Des précautions s'imposent avant d'engouffrer 20.000 hommes dans la grande ville inconnue, camouflée peut-être en redoutable boîte à surprise...

A Mulhouse.

Que se passait-il à Mulhouse le samedi 8 août

1914 ? Un habitant m'a raconté que, dès la veille, les Allemands déménageaient fébrilement. Wagons, locomotives, marchandises, archives, etc., tout ce qui était transportable passait de l'autre côté du Rhin. Le soir, un grand incendie avait alarmé la population : c'était le dépôt des fourrages de la caserne de cavalerie qui flambait.

Samedi matin, des convois militaires lourdement chargés se hâtaient vers le Rhin, tandis que les derniers trains quittaient la gare, emportant en Allemagne des familles de fonctionnaires de toutes sortes. Pourtant, au milieu de la journée, on voyait encore des détachements de soldats allemands traverser la ville.

Tout à coup, une patrouille de cavalerie française surgit dans la Wildemannstrasse, (rue du Sauvage), où, quelques instants auparavant, défilait une compagnie allemande ! L'officier qui commandait les 6 dragons, un Mulhousien, paraît-il, aurait eu une entrevue à l'hôtel de ville avec le maire, M. Kulmann, concernant l'entrée des Français. Les cavaliers s'arrêtèrent tranquillement devant un café pour vider, sans descendre de cheval, des verres de bière qu'on leur tendait. Puis ils se dirigèrent sans hâte vers la Dornachstrasse, au milieu d'une foule de curieux littéralement médusés par le culot des jeunes dragons. En effet, à peine ceux-ci avaient-ils quitté la place qu'arrivait au pas de gymnastique et baïonnette au canon une section de soldats allemands, renseignés sans doute par des espions. Furieux de leur déconvenue, ils sautent dans un tram,

Scholis — Postes suisse et allemand.

La Fellsplatte.

baissent ou brisent les vitres et forcent le watmann à les conduire sur les traces des cavaliers, en direction de Dornach. Mais la poursuite fut écourtée : la patrouille s'était éclipsée dans les rues latérales et, vers l'ouest, le danger devenait par trop imminent ! Les Allemands firent demi-tour et gagnèrent la sortie est de Mulhouse...

Un peu plus tard, à 6 heures du soir, une nouvelle patrouille de dragons français s'avança, prudemment cette fois, suivie de nombreux détachements de cavalerie qui se postèrent au coin des rues pour assurer le service d'ordre. Bientôt, les accents de « Sambre et Meuse » éclatèrent et les troupes de la 14e Division firent leur entrée, musique en tête et drapeau déployé. Elles défilèrent lestement, « à la française », au milieu d'une foule immense, curieuse, bruyante. « Heures inoubliables ! écrit le lieutenant P. P. Ceux qui fouleront d'un pas alerte les rues de Berlin seuls en connaîtront de pareilles ! Nous avions l'impression d'être des triomphateurs. Tout Mulhouse nous faisait d'ailleurs un accueil magnifique. Les rues étaient littéralement noires de monde. Notre colonne marchait entre deux lignes vivantes. A toutes les fenêtres, des mouchoirs et des drapeaux, des grappes humaines jusque sur les toits. Je fus embrassé trois fois sur le parcours. D'autres embrassaient les bottes de mon capitaine dont le cheval se cabrait. Autour de la musique, autour du drapeau c'était une cohue. Mais tout cet enthousiasme n'atteignait pas, malgré tout, un grand délire patriotique. On ne sait quoi refrénait chacun à chaque instant. Si beaucoup hurlaient de joie, beaucoup aussi ne saluaient ni le drapeau ni les officiers. Graves et impassibles, la pipe aux dents, ceux-là nous regardaient avec l'air de nous compter. Un pli d'amer dédain plissait leurs lèvres. Ailleurs, une jeune fille blonde nous montrait le poing, les yeux remplis de larmes. Je remarquais aussi une quantité anormale d'infirmiers à casquettes plates, le bras orné d'un brassard blanc à croix rouge, une quantité anormale aussi de civils ayant la touche de déguisés. Après une rue tumultueuse, d'autres rues étaient étonnamment calmes. Nous avions là l'exemple, en très grand, d'un accueil aussi troublant que celui que nous avions reçu en petit, à chacun des villages traversés pour venir à Mulhouse... Tout cela sonnait faux. »

Après le défilé, les troupes de la 14e Division se disloquèrent dans Mulhouse. Un bataillon du 35e Régiment traversa la ville pour établir ses avantpostes à l'Ile Napoléon, face à la sombre forêt de la Hardt occupée par les Allemands. Craignant que les casernes ne fussent minées, on installa les autres unités en cantonnement dans des usines au centre de la ville, ou en bivouac sur les places publiques. « Notre cantonnement fut la place triangulaire, à la belle étoile, nous dit le spirituel lieutenant P. P. C'est là que, pour la première fois de ma vie, j'ai couché étendu de tout mon long au pied d'un réverbère, sur l'asphalte du trottoir d'une grande ville, tel un poivrot ou un miséreux ! »

Pendant ce temps, la 41e Division, à gauche, avait

progressé elle aussi, au débouché de la vallée de
Thann. Un de ses régiments, le 133e, renforcé du 15e
bataillon de chasseurs, s'était emparé de Cernay et
avait poussé ses avant-postes jusqu'à Uffolz-Stein-
bach, face au nord. L'autre régiment, le 23e, tra-
versant la grande forêt de Nonnenbruch, était venu
occuper Lutterbach, au nord de Mulhouse, sous
la protection de ses avant-postes qui tenaient la
ligne avancée Illzach, Richwiller, Pfastatt, en liaison, à droite, avec la 14e Division à l'Ile Napoléon. Le
général Bonneau fixa son poste de commandement à
Galfingen, avec la réserve de corps.

Une nuit mouvementée.

La nuit du samedi au dimanche fut passablement
mouvementée à Mulhouse. Le commandant de la 14e
Division, général Curé, installé dans la grande usine
Schlumberger, apprit d'abord que le bataillon du
35e Régiment, qui devait porter ses avant-postes à
l'Ile Napoléon, avait été reçu à coups de fusils par
les Allemands retranchés dans l'Ile et la forêt de la
Hardt. En outre, de gros rassemblements de troupes
étaient signalés de chaque côté du Rhin, entre Colmar,
Neu-Brisach et Mülheim. Le danger rôdait aux
alentours. Afin d'éviter toute surprise tragique, le
commandant de division ordonna aux troupes cantonnées dans les usines d'évacuer celles-ci pour
bivouaquer au large, sur les places environnantes. En
même temps, il fit reconnaître les hauteurs dominant la ville au S. E., en vue d'y établir ses troupes

avant l'aube, cela d'entente avec le commandant du 7e Corps.

Au milieu de la nuit, 2 officiers supérieurs de l'Etat-major du général Dubail apportèrent un ordre prescrivant la destruction immédiate des ouvrages fortifiés formant tête de pont à Chalempé. Or, de l'examen des plans annexés à l'ordre, il résultait que le pont de Chalempé, situé sur le Rhin à 18 km. de Mulhouse, était protégé par des ouvrages renforcés de tourelles blindées et de casemates bétonnées. Pour s'en emparer et les détruire, il faudrait traverser l'immense forêt de la Hardt solidement tenue par l'ennemi et opérer un siège en règle qui durerait plusieurs jours. Dans ces conditions et vu la situation précaire de ses troupes, le général Curé estima que l'opération était présentement irréalisable. Il en avisa ses supérieurs qui, paraît-il, n'insistèrent pas, et pour cause !

Presque à la même heure, deux hauts fonctionnaires arrivèrent de Belfort au Q. G. de la division, apportant dans leur auto un buste de la République destiné à l'Hôtel de ville de Mulhouse, et tout un stock de proclamations adressées à la population par le général Joffre. Mis, eux aussi, au courant de la situation, ces messieurs abrégèrent leur visite et repartirent pour Belfort, sans alléger leur auto !...

On prétend que, d'après ces circonstances, la célèbre proclamation du général Joffre, que la censure fit publier dans la Presse française pour entretenir l'illusion, ne fut même pas affichée en Alsace lors de la 1re expédition C'est dommage... pour l'Histoire !

En voici le texte :

« Après quarante-quatre ans d'une douloureuse attente, les soldats français foulent à nouveau le sol de votre noble pays. Ils sont les premiers ouvriers de la grande œuvre de la revanche !

Pour eux, quelle émotion et quelle fierté !

Pour parfaire cette œuvre, ils ont fait le sacrifice de leur vie. La nation française unanime les pousse, et, dans les plis de leurs drapeaux, sont inscrits les noms magnifiques du droit et de la liberté !

Vive l'Alsace ! Vive la France !

Le général en chef des Armées françaises :
JOFFRE.

M. Messimy, ministre de la guerre, remercia le général en chef par le télégramme suivant :

« Mon Général,

L'entrée des troupes françaises à Mulhouse, aux acclamations des Alsaciens, a fait tressaillir d'enthousiasme toute la France.

La suite de la campagne nous apportera, j'en ai la conviction, des succès dont la portée militaire dépasse celle d'aujourd'hui ; mais au début de la guerre, l'énergique et brillante offensive que vous avez prise en Alsace nous met dans une situation morale qui nous apporte un précieux réconfort.

Je suis profondément heureux, au nom du gouvernement, de vous en exprimer toute ma gratitude.

MESSIMY. »

Méfiance et sûreté.

Le dimanche 9 août, vers 2 heures du matin, les troupes de la 14e Division, alertées, évacuaient Mulhouse et gagnaient silencieusement leurs nouveaux emplacements sur le plateau de Riedisheim-Rixheim.

Bientôt, vers l'orient, l'aube rougit l'horizon badois. Puis le soleil surgit, radieux, derrière le massif de la Forêt Noire, scrutant de ses rayons obliques la brumeuse plaine du Rhin où se préparait la bataille. Sans tarder, les Français se mirent au travail pour organiser et fortifier tant bien que mal leur excellente position qui commandait tous les débouchés de Mulhouse. Si, dans cette belle matinée dominicale, nous passons en revue le front du 7e Corps d'armée français, nous le trouverons disposé comme suit :

1. A l'extrême droite, la 8e Division de cavalerie flanque tout le dispositif et fouille le terrain en direction d'Huningue et d'Istein.

2. A proximité de Mulhouse, la 28e Brigade (35e et 42e R.) borde le plateau de Riedisheim-Rixheim, face à la forêt de la Hardt, couvrant ainsi la ville au sud et à l'est.

3. A sa gauche, le 23e Régiment de la 41e Division occupe Lutterbach, tandis que ses avant-postes appuient leur ligne de résistance au faubourg N. E. de Mulhouse en passant par Burzwiller, Pfastatt, Richwiller. Une compagnie a été poussée en flèche jusqu'à Illzach.

4. Plus à gauche encore, au pied des Vosges, l'autre régiment de la 82e Brigade, le 133e, renforcé du 15e bataillon de chasseurs, tient Cernay qu'il couvre au nord sur la hauteur fortifiée de Steinbach-Uffholz. Entre ces 2 régiments, il y a malheureusement

un vide qu'aggrave la dangereuse forêt de Nonnen-bruch étalée de Cernay à Lutterbach.

5. L'artillerie divisionnaire et l'artillerie de corps renforcent partiellement les secteurs d'occupation, où abondent les emplacements favorables.

6. Derrière ce large dispositif de première ligne, il y a quelques réserves constituées par la 114e Brigade mixte, à l'O. de Mulhouse et autour de Galfingen, à proximité du P. C. du général Bonneau. Plus au Sud, la 27e Brigade du général Berge, près d'Altkirch, couvre le flanc droit, qu'en haut lieu on croit toujours menacé d'une attaque venant de la direction Hunin-gue-Istein, ou de la frontière suisse.

Enfin, très en arrière, vers Belfort, la 57e Division de réserve a reçu l'ordre tardif du général en chef de se porter sur Altkirch pour étayer le 7e Corps d'armée. Quand elle atteindra son objectif, le sort de la bataille de Mulhouse sera depuis longtemps décidé.

Le piège allemand.

Laissons les Français s'organiser et voyons ce que font les Allemands.

Ceux-ci, nous le savons, cédant volontairement à l'attaque prévue de leurs adversaires, leur ména-geaient une riposte en conséquence. Mais dans la préparation des attaques et contre-attaques de cette aventureuse expédition d'Alsace, on constate que les 2 partis n'ont ni l'un ni l'autre péché par excès de discrétion ! Les confidences passèrent même notre frontière. Un journal suisse, bien renseigné, annonçant à ses lecteurs l'occupation de Mulhouse, écrivait en date du 9 août 1914 : « La situation dérivée de cette occupation est des plus intéressantes pour nous autres Suisses ! Dimanche matin, dans les milieux bernois où cette occupation était connue, on affirmait que la retraite des Allemands cachait une ruse de guerre et qu'ils auraient évacué Mulhouse pour engager les Français à avancer. Au moment voulu, des troupes allemandes, très probablement entre Mulhouse et Colmar, devaient tourner le Corps d'armée français et le jeter sur le territoire suisse. Ce devait être une réédition de l'aventure de l'Armée Bourbaki, à moins que les Français ne cherchent à forcer la frontière suisse et à bousculer nos troupes. Les personnes qui ont exposé et commenté ce plan occupent à Berne une situation en vue et leurs renseignements, de même que leur opinion, ne sont pas sans valeur. » (Démocrate du 11. VIII. 14.)

Cette nouvelle sensationnelle, c'était, nous le verrons, l'expression même de la vérité !

Mais ici, quelques questions intéressantes se posent.

— Quelles étaient ces personnes occupant à Berne « une situation en vue » ?

— Qui donc les a si bien renseignées ?

— Enfin, quel rapport mystérieux y avait-il entre leurs renseignements précis et la concentration accélérée de l'Armée suisse sur la frontière alsacienne, le 8 août 1914, événement qui s'est manifesté à la 2e Division par l'alerte et la marche dramatique qu'évoque le début de mon récit ?

Ces questions m'ont beaucoup intrigué... et d'au

tres avec moi. Je regrette de n'avoir pu les élucider complètement. Peut-être y reviendrai-je un jour...

En attendant, consultons les documents officiels allemands. Dès qu'il eut connaissance de l'entrée des Français en Alsace, le Generaloberst von Heeringen prit ses dispositions pour déclancher la contre-attaque projetée.

Son intention était bien d'attirer d'abord l'assaillant à Mulhouse, puis de foncer sur son aile gauche au pied des Vosges pour lui couper la retraite et l'acculer à la frontière suisse. « Der leitende, zunächst freilich noch nicht ausgesprochene Gedanke, war dabei den Feind durch Eindrücken seines an den Vosgesen stehenden linken Flügels von der Rückzuglinie gegen die Schweizergrenze abzudrängen. » (Der Weltkrieg T. I.)

Cette intention se manifesta clairement dans l'ordre de concentration des XIVe et XVe Corps d'armée allemands chargés d'exécuter l'opération. Tandis que ce dernier était transporté de Strasbourg dans la région de Colmar, le premier glissait vers le nord-ouest et se massait entre Brisach et Mülheim. Derrière ces 2 corps actifs, le XIVe Corps de réserve devait se trouver, le 9 août, à disposition du commandant de la 7e armée. Enfin, les têtes de pont du Haut-Rhin et les forts d'Istein, complètement équipés (fertiggestellt), se tiendraient prêts à collaborer au succès de l'entreprise.

Déjà le samedi soir, 8 août, le général von Heeringen était renseigné sur la force et les dispositions de son adversaire entre Altkirch, Mulhouse et Cernay.

Dans la nuit, il donnait, en parfaite connaissance de cause, son ordre d'attaque pour le lendemain. Cet ordre prévoyait une attaque frontale et débordante du secteur Cernay-Mulhouse par les 2 corps d'armée marchant en direction nord-sud. Le plan était habilement conçu ; néanmoins, nous le verrons, son exécution laissa à désirer et ne donna pas les résultats escomptés.

Un dimanche sanglant : 9 août 1914.

Le combat de Cernay.

Dimanche matin, 9 août, tout le dispositif d'attaque se met en branle, pivotant sur l'aile gauche appuyée vers Mulhouse à la forêt de la Hardt. A droite, le XVe Corps d'armée du général Deimling formant l'aile marchante franchit, à 7 heures, la ligne Rouffach-Niederentzen, située à 20 km. environ du front français. Précédées de la cavalerie d'exploration, les 30e et 39e Divisions accolées s'avancent vers le sud, sur chacune des grand'routes qui longent la voie ferrée Mulhouse-Colmar, au pied des Vosges. La première a pour objectif Wittelsheim ; la seconde Cernay (Sennheim).

Une chaleur accablante alourdit et ralentit la marche. Vers midi et demi, les avant-gardes de la 39e Division se heurtent aux premiers postes français du 133e R. installés dans les vignes au N.-O. d'Uffholz-Steinbach. Ceux-ci se retirent bientôt sur la hauteur de Steinbach fortement occupée. Les 2 artilleries entrent en action. Soucieux de ménager ses troupes pour d'autres besognes, le commandement allemand fait d'abord un usage copieux de sa grosse artillerie.

Malgré sa supériorité écrasante, l'infanterie de la 39e Division attaque et progresse mollement. Elle s'efforce de déborder la position par les flancs boisés du Molkenrain, à l'ouest de Steinbach, tandis que la 30e Division la tournera par l'est en débouchant de Wittelsheim. Pendant toute l'après-midi, le 133e Régiment français, renforcé du 15e bataillon de chasseurs, se défendit habilement sur les positions de Steinbach, puis à Cernay. Attaqué concentriquement par 2 divisions, Cernay tombait, à 19 heures seulement, aux mains des Allemands, tandis que les Français se retiraient lentement sur Thann.

Le général Deimling dut se contenter de ce demi-succès et se résoudre à réorganiser son corps d'armée dans le secteur Cernay-Wittelsheim. Néanmoins, la nuit fut très agitée. Les Français ayant reçu quelques renforts tentèrent, vers 20 heures, de reprendre Cernay par surprise. Leur attaque échoua. En revanche, celle-ci provoqua une alarme suivie de panique parmi les troupes allemandes occupant Cernay et Wittelsheim. Dans ces 2 localités, un mélange d'unités alertées se produisit qui dégénéra en fusillade générale (allgemeine Schiesserei). Cette mêlée nocturne, difficilement réprimée, occasionna de lourdes pertes aux Allemands, entre autres celle d'un commandant de régiment.

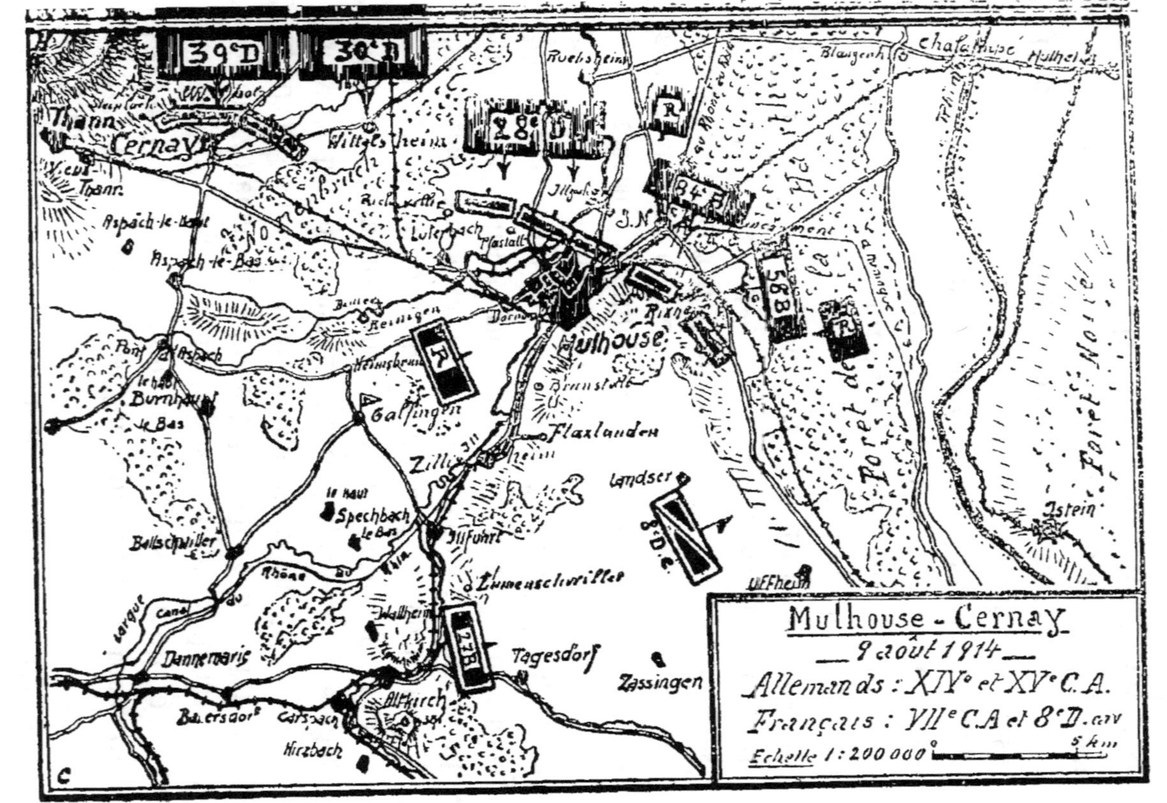

Mulhouse - Cernay

La bataille de Mulhouse.

Pendant ce temps, autour de Mulhouse, la bataille aussi faisait rage. Commencée tard, elle devait se prolonger bien avant dans la nuit. Examinons plus en détail comment elle s'emmancha.

De bon matin, les troupes du général von Hoiningen, commandant le XIVe Corps d'armée, se mirent en marche en vue d'atteindre, à midi, leurs bases de départ pour l'attaque concentrique de Mulhouse. La 28e Division, qui venait des environs de Brisach, eut beaucoup à souffrir de la chaleur et des fatigues de sa longue marche. Cela provoqua un retard imprévu. Quant à la 29e Division, nous avons vu ses éléments de couverture en retraite s'arrêter, le 8, dans les parages de l'Ile Napoléon, face aux avant-postes français, tandis que son gros se concentrait de l'autre côté du Rhin, autour de Mülheim. Elle reçut l'ordre de se porter tout entière, le 9, à la gauche de la 28e Division, et d'occuper la lisière ouest de la forêt de la Hardt pour, de là, coopérer à l'attaque de Mulhouse.

Le dimanche matin, la longue colonne de marche de la 29e Division franchit le Rhin sur le pont de Neuenbourg-Chalampé, en présence du Grand Duc de Bade, Frédéric II, venu pour saluer ses compatriotes. « En défilant devant lui, chaque compagnie *chantait avec entrain* la « Wacht am Rhein », écrit un soldat. Lorsque nous traversâmes Bantzenheim, continue-t-il, les habitants se rendaient à l'église.

Pont de Chalampé-Neuenburg.

C'était dimanche. Nous ne nous en doutions guère ! Passé pour nous le temps d'aller à l'église ! Mais que ceux qui s'y rendaient penseraient à nous, cela, nous le savions tous ! Dimanche ! le premier dimanche de la guerre, que nous réservait-il ? » (Das 4. Bad. Inf. Regt. No 112.)

Après avoir traversé obliquement la vaste forêt de la Hardt, la 29e Division fractionna ses 3 brigades, qui s'établirent en position d'attente dans la lisière du bois, entre Battenheim et l'Ile Napoléon.

Vu la grande fatigue de ses troupes, le commandant du XIVe Corps d'armée informa son chef, le général von Heeringen, à Neu-Brisach, de son intention de remettre l'attaque de Mulhouse au lundi matin 10 août, à moins d'ordre contraire. Cela correspondait aux projets du commandant de la 7e armée, d'autant plus que la résistance inattendue des Français à Cernay avait passablement ralenti le mouvement tournant de l'aile droite allemande.

Néanmoins, le général von Heeringen donna l'ordre au XIVe Corps de s'emparer, le soir encore, de quelques points d'appui aux environs de Mulhouse afin de faciliter l'attaque du lendemain.

Cet ordre devait provoquer non seulement les rudes combats qu'on appelle : la bataille de Mulhouse, mais aussi l'échec du plan allemand visant à tourner les Français par l'ouest.

Au reçu de l'ordre, le commandant du XIVe Corps déclanche sans plus tarder l'attaque convergente de Mulhouse, par le nord et par l'est. A droite, attaque la 28e Division ; objectif : Lutterbach-Burzwiller. A gauche, la 29e Division ; objectif : Riedisheim-Rix-heim. Limite de secteurs entre les 2 divisions : l'Ill.

Comme à Cernay, l'attaque débute à droite par un copieux arrosage de gros obus sur les positions françaises couvrant la ville au nord. Puis l'infanterie se déploie et marche sur ses objectifs. Les 2 brigades de la 28e Division se heurtent, à Richwiller et à Illzach, aux avant-postes du 23e Régiment français, qui opposent une résistance acharnée. La compagnie isolée (capitaine de Montjamont) qui tient Illzach se fait hacher sur place plutôt que de reculer. Elle perdit 195 hommes et tous ses officiers. Un pareil héroïsme n'est-il pas digne du classique exploit des Thermopyles ?

Bientôt la lutte se concentre sur la ligne principale Richwiller-Pfastatt-Burzwiller. Puissamment soutenus par leur artillerie en position près de Lutterbach, les Français de la 41e Division se battent, 1 contre 3, jusqu'à 9 heures du soir, puis, débordés, se retirent sur Lutterbach.

Pendant ce temps, la 29e Division allemande attaquait, de son côté, l'objectif qui lui était assigné : le plateau de Riedisheim-Rixheim. Disposant de 3 brigades, elle en avait engagé 2 en première ligne et fractionné la 3e en réserve derrière les deux ailes. Tandis qu'à l'aile gauche sa 58e Brigade se glissait vers le sud, dans la lisière de la forêt de la Hardt, pour se placer en face de Rixheim, la 84e Brigade, à droite, débouchant de l'Ile Napoléon, attaquait Riedisheim par le nord. « Es zeigte sich bald, dass der Aufgabe der Division nicht leicht war » avoue le récit

Le Point 999 des Ordons.

Le Point 509.

officiel allemand. En effet, la tâche n'était pas facile. Après avoir enlevé Modenheim au passage, la 84e Brigade est arrêtée net à la chaussée du chemin de fer de ceinture de Mulhouse. Décimée par un feu violent d'artillerie et d'infanterie, contre-attaquée par le 35e et le 42e Régiments français et des fractions de la brigade de réservistes, elle est obligée de se retirer en désordre dans la forêt de la Hardt, poursuivie par un bataillon du 42e qui s'empare de l'Ile Napoléon. Dans cette affaire, la brigade allemande subit de lourdes pertes, entre autres celle de son chef, le général major von Koschembahr. Au centre, l'affaire tournait donc mal pour les Allemands et, à la tombée de la nuit, leur succès était problématique.

A l'assaut de Rixheim.

A l'extrême gauche, la 58e Brigade (die gelbe Brigade), composée des 112e et 142e Régiments de Mulhouse, que nous avons vus à l'œuvre à Altkirch et à Soppe-le-Bas, avait terminé son mouvement de rocade vers le sud. Renforcée d'un régiment en réserve et d'une puissante artillerie, elle s'apprêtait à attaquer par le flanc la position de Rixheim à travers la place d'exercice familière à la garnison de Mulhouse.

Il était 6 heures du soir. Les fantassins, couchés à la lisière de la forêt, attendaient anxieusement l'ordre de partir à l'attaque. L'un d'eux a laissé un récit trés réaliste de ces moments tragiques. J'en traduis quelques extraits : « Vers l'Ile Napoléon, dit-il, le combat était engagé depuis longtemps, mais plus au sud, le calme régnait encore. Sur la colline en face, on distinguait des Français en train de se retrancher. Au fond de la plaine, un berger gardait tranquillement son troupeau de moutons, qui se dispersa quand les premiers obus commencèrent à pleuvoir sur les retranchements français. Une de nos batteries venait d'ouvrir le feu, et nous suivions curieusement ses projectiles saluant l'ennemi sur la hauteur. Bientôt, l'artillerie adverse se mit à la contrebattre. — Diantre ! comme çà craque là-haut dans les branches !... Mais voici l'ordre d'avancer ! C'est le moment de pratiquer le fameux bond si souvent exercé : Debout ! En avant ! — Quelle ruée ! Devant la ligne, le lieutenant avec ses longues jambes, puis les chefs de groupes, et puis les tirailleurs ! On n'aurait pas travaillé mieux à la plus solennelle inspection ! Aucun blessé, aucun touché d'abord. Les Français tiraient de Rixheim pour nous arrêter, mais leurs balles sifflaient trop haut et se perdaient dans les arbres. Les sections, les compagnies débouchent l'une après l'autre. Au milieu, le drapeau déployé. Le drapeau ! Comme il flotte fièrement, pour la 1re fois au combat. Mais non, il se souvient de 70, et semble crier aux jeunes soldats : « Faites comme en 70 ! Faites comme les vieux !... »

Aux premiers moments, chacun de nous éprouva instinctivement une surexcitation angoissante, une véritable « frousse ». Mentirait qui ne l'admettrait pas. Mais après quelques bonds, en constatant que les Français continuaient à mal tirer (immer noch schlecht trafen), on se rassura. Comment, d'ailleurs, ne pas se calmer en voyant les chefs de compagnie ou de section rester debout derrière leurs hommes pour donner leurs ordres, sans crainte apparente ? Pourquoi « s'en faire » quand on entend le sergent-major gourmander malicieusement un réserviste au fusil mal tenu ou aux boutons manquants ? Bientôt même, des plaisanteries s'en mêlèrent. Si une balle en miaulant trop près inclinait involontairement des têtes et fourrait des nez dans la poussière, on se moquait d'autant plus bruyamment, après coup, de la frousse du voisin...

Mais, crescendo, en haut, devant, derrière, les shrapnells éclataient. Comme des essaims de mouches les balles bourdonnaient. Par ci par là, un homme touché criait, tombait... Et toujours les bonds succédaient aux bonds, automatiquement, inlassablement, de position en position...

Depuis longtemps le soleil avait disparu. En face de nous, le ciel rougeâtre se plombait. Au nord, les maisons de l'Ile Napoléon flambaient. Vers l'ouest, le village de Rixheim se profilait, sinistrement illuminé par les éclairs des canons français et les éclats de nos obus. Les lignes de tirailleurs allemands se rapprochaient de plus en plus de la colline, au milieu du bruit assourdissant de la bataille. En réalité, la place d'exercice avait été franchie plus vite et plus facilement qu'on ne l'eût supposé !... Vainement les Français tentaient d'arrêter par le feu les assaillants, maintenant favorisés par l'obscurité croissante. Voici la route, la voie ferrée, la croisée que tiennent les tirailleurs ennemis. Ça se gâte ! Devant nous s'étend une malencontreuse haie épineuse, trop épaisse pour s'y frayer un passage, trop haute pour être enjambée. A coups de crosses et de yatagans, des ouvertures sont pratiquées. Mais les Français la connaissaient bien, trop bien, cette satanée haie ! Beaucoup des nôtres, mortellement blessés, restent accrochés à ses maudites épines ou roulent dans le fossé pour ne plus se relever !... Les autres se rassemblent tant bien que mal et : — En avant, à l'assaut ! Baïonnette au canon ! Le fusil dans les deux mains ! Cela se fait machinalement, sans commandement. Les trompettes sonnent, les tambours battent. — Hourra ! Tout le monde crie, court, se précipite à l'assaut de la colline dans une course insensée ! « Warte nur Franzmann, da oben ! warte nur, wir kommen ! » Arrivés au sommet, les assaillants s'arrêtent, interdits : Les Français ont disparu ! Plus un coup de fusil ! Seuls les hourras des retardataires trouent la nuit. Puis, un silence impressionnant, effrayant, plane pendant quelques instants. Soudain, un nouveau cri retentit : « *Rixheim !* Ils sont à Rixheim. Drauf ! Hourra ! » Et, en un mélange d'unités indescriptible, la troupe se rue sur Rixheim ! Pas un coup de feu, pas un bruit n'en sort ! Les assaillants arrivent à 50 m. des maisons. Brusquement une fusillade terrible illumine les façades et crépite dans tous les coins ! Combats de nuit ! Spectacle effrayant ! Plus de troupes organisées, des hordes conduites par le premier venu entreprenant !... Le village entier était devenu une chaudière infernale (Hexenkessel.) »

(Das 4. Badische Inf. Regt « Prinz Wilhelm » No 112).

Passons sur ces scènes d'horreur, trop souvent décrites...

Les Français du 42e Régiment se retirèrent peu à peu vers la partie ouest de Rixheim, où ils tinrent les Allemands en échec jusqu'a minuit. Puis ils s'esquivèrent habilement sans être inquiétés. Néanmoins, la fusillade désordonnée continua dans le village, où les troupes allemandes survenues de tous côtés s'entre-tuaient dans l'obscurité. Ici comme à Cernay, à Wittelsheim, la mêlée nocturne coûta gros aux Allemands. Longtemps leurs tambours et trompettes sonnèrent l'interruption du feu et le signal de : Halte ! Enfin les assaillants parvinrent à se reconnaître en s'abordant aux cris de : Deutschland über alles ! ou autres mots de passe célèbres !

Et le combat cessa... faute de combattants !

Très éprouvées, les unités se rallièrent dans les vergers et les prairies autour de Rixheim. Les soldats, harassés, s'étendirent aussitôt dans l'herbe mouillée pour y passer la fin de cette nuit épouvantable...

La retraite française.

Orientons-nous maintenant sur la situation générale des 2 partis au soir de ce tragique dimanche d'août.

Vers le nord-ouest, nous avons vu le 133e Régiment français, renforcé du 15e Bat. de chasseurs, essayer de reprendre Cernay au XVe Corps allemand, par une attaque de nuit. N'ayant pas réussi, il s'est retiré sur Vieux-Thann et Aspach sans être poursuivi. Séparé par la forêt de Nonnenbruch, l'autre régiment de la 41e Division, le 23e, aux prises avec la 28e Division allemande, se cramponne encore à Lutterbach. Il abandonnera cette localité vers 1 heure du matin pour se replier sur Reinigen et le couvent d'Oelenberg, où le rejoindront des bataillons de réservistes envoyés en hâte de Belfort.

Au centre, la 14e Division du général Curé tient victorieusement les abords de la gare principale de Mulhouse et le plateau de Ridisheim. Un bataillon du 42e a même repris l'Ile Napoléon et s'y est maintenu jusqu'à la nuit. Mais les événements qui se déroulent sur les ailes vont mettre les 2 brigades de la 14e Division dans une situation critique. L'abandon de Lutterbach au N. de Mulhouse, par le 23e Régiment de la 41e Division, constitue une grave menace pour la gauche française. En outre, l'attaque débordante de la 58e Brigade allemande sur Rixheim en est une autre. La 14e Division qui n'a plus de réserve derrière elle risque d'être tournée par le nord et par le sud.

Dans ces conditions, le général Bonneau donne l'ordre à la division de rompre le combat et de se replier sur Niedermorschwiller pour reprendre contact avec la 41e Division. Il est 21 heures passées.

L'artillerie, la première quitte ses positions et se retire sans difficulté, dans un ordre parfait. Le décrochage de l'infanterie est beaucoup plus compliqué. Qu'on se représente la chose : les unités ayant combattu toute la journée sont désorganisées et très mélangées. Les hommes sont littéralement éreintés. Or il s'agit de se retirer par petits paquets, dans la nuit, à travers les faubourgs inconnus d'une grande ville, avec l'ennemi à ses trousses. Beaucoup s'y perdront. Ecoutons de nouveau un témoin bien connu, le lieutenant P. P. « Enfin voici Mulhouse ! Nous nous précipitons. Et alors une chose horrible arrive. Toutes les maisons s'illuminent. Des toits, des fenêtres, des caves, des portes, partent des coups de fusil. En queue de colonne, les éclaircurs allemands nous tirent dans le dos. Le commandant et 10 hommes se jettent dans une rue. C'est une impasse. Le commandant enfonce une porte, puis une autre, et **ils** fuient tous ensemble dans les jardins et les vergers. Un de mes camarades tombe frappé à la tête. Mon capitaine fuit dans la rue. J'en prends une autre. Tout tourbillonne. La place est nette en quelques secondes. Au pas de course nous traversons la voie ferrée. On nous tire dessus de la gare. Les soldats qui nous suivent sont à 150 m. environ. D'autres nous rejoignent en route ; d'autres s'échappent peut-être, qu'en sais-je ? Il y a 400 hommes avec nous. D'où sortent-ils ? Mystère inexplicable. Mulhouse a un aspect extraordinaire. Tous les reverbères sont allumés, toutes les maisons verrouillées, tous les volets fermés ; absolument personne dans les rues.

« Il est environ minuit. Dans le silence impressionnant qui remplace tout-à-coup le vacarme inattendu de notre bruyante entrée en ville, on entend distinctement la fusillade qui crépite au nord-ouest, au nord, à l'est, et au nord-est. On a l'impression d'être dans une cuvette, tous les bords étant garnis de fusils allemands. »...

Voilà une réception dans Mulhouse qui contraste singulièrement avec celle de la veille !

Après avoir réorganisé la colonne égarée, qui se renforce de tous les fugitifs rencontrés, les officiers parviennent à la sortir de la ville. Maintes aventures marquent encore sa retraite jusqu'au moment où elle rallie le régiment qui, au petit jour, se reforme dans les environs de Galfingen.

Quant aux Allemands, très éprouvés, ils avaient, cette nuit-là, renoncé à la poursuite. Seul, nous dit le récit officiel allemand, le Cdt de la 28e Division, général von Kehler, crut bon de donner, tard dans la soirée, l'ordre de poursuivre l'ennemi, vers le sud, en direction de Flaxlanden-Brubach. A minuit, la 56e Brigade s'engagea et atteignit Dornach. C'est à ses troupes qu'eut affaire le régiment du lieutenant P. P. Mais bientôt, complètement désorganisée, elle dut se retirer sur les hauteurs de Pfastatt. L'autre brigade, la 55e, ne put dépasser la gare du Nord de Mulhouse. Son artillerie détruisit quelques gros bâtiments des environs, tandis que l'infanterie s'arrêtait aux faubourgs de Burzwiller. « En somme, conclut l'historien allemand, les résultats de la bataille du XIVe C. A. étaient incomplets, en partie à cause de la fatigue des troupes et du début tardif de l'attaque : « Im ganzen waren die Ergebnisse des Kampfes beim XIV. A. K. — zum Teil infolge der Ermüdung der Truppe und des späten Beginns des Angriffs — unvollkommen. »

Quand, vers minuit, un ordre d'armée prescrivit l'envoi d'une brigade de renfort au XVe Corps à Cernay, le Cdt. du XIVe fit valoir des objections. Le général von Heeringen, Cdt. la 7e 'Armée, n'en exigea pas moins l'exécution de l'ordre. En outre, on fit venir bien vite de nouvelles troupes de renfort de Strasbourg. Trop tard : le succès du plan allemand était irrémédiablement compromis.

Telle fut la journée du 9 août 1914.

Les Français abandonnaient Mulhouse mais échappaient à l'étreinte allemande. Abstraction faite de toute autre considération, on ne peut qu'admirer l'héroïque résistance qu'ils opposèrent aux assaillants sur l'ensemble du champ de bataille, de Cernay à Rixheim. Sans doute, ils avaient pour eux l'avantage de positions choisies, partiellement organisées, et défendues par une artillerie de campagne de premier ordre. Mais les Allemands possédaient la supériorité du nombre (exactement 3 contre 1) et celle des gros calibres de leur artillerie lourde à longue portée. Des deux côtés, les troupes se sont vaillamment conduites. Cependant, il faut relever, avec les Allemands eux-mêmes, que les soldats français, du moins ceux des régiments actifs, se défendirent « comme des lions ». — « Meine Herren, wir hatten gestern mit Löwen zu thun ! » aurait avoué le général von Hoiningen à des officiers réunis, le 10, à l'Hôtel Central de Mulhouse. Cette noble franchise lui coûta, dit-on, le commandement de son corps d'armée. Comme quoi, dans certains milieux, toute vérité n'est pas toujours bonne à dire !...

Les représailles à Mulhouse.

Le lundi matin, après une nuit d'angoisse, les Mulhousiens constatent avec stupéfaction que tous les soldats français ont disparu. Dans les faubourgs, aux gares, le spectacle est lamentable. Partout des dégâts, des ruines fumantes, des maisons trouées. Çà et là, des morts et des blessés sur les pavés rougis !...

La guerre a marqué ses premiers coups !... Le drame alsacien débute cruellement...

Bientôt un régiment allemand fait son entrée en ville, drapeau déployé, précédé de nombreuses patrouilles qui fouillent les rues et molestent les passants. Les soldats montrent un air farouche qui ne présage rien de bon. Ils ont éprouvé de dures fatigues, subi de lourdes pertes causées par ces « maudits Français » que Mulhouse, avant-hier, a reçus triomphalement. Gare aux personnes qui manifestèrent leurs sentiments francophiles ! Les espions les ont soigneusement notées, et les listes noires se sont, hélas ! bien allongées...

Le soir, un avion français ayant survolé la ville, une fusillade éclate qui dégénère en panique. Des mitrailleuses sont braquées aux coins des rues et de nombreux détachements parcourent la ville. Les perquisitions commencent, les arrestations se multiplient : « Hier ist auf uns geschossen worden ! » La population affolée dut sortir des maisons et subir les pires vexations sous prétexte que des soldats ou des francs-tireurs français embusqués auraient tiré, sur les troupes. Pendant quelques heures, il y eut des scènes inénarrables, des massacres même, comme à *Burzwiller*, faubourg N. de Mulhouse, où 5 personnes furent fusillées et plusieurs maisons incendiées par une soldatesque avinée.

N'insistons pas sur ces scènes regrettables qui ne font point honneur à la discipline allemande. A Mulhouse, on n'a pas oublié et l'on n'oubliera pas de sitôt le tragique mois d'août 1914...

La nervosité au G. Q. G. français

Le général en chef des Armées françaises et le Cdt. de la 1ʳᵉ Armée avaient été tenus au courant des premiers événements alsaciens. Même après l'entrée des troupes du 7ᵉ Corps dans Mulhouse, les tiraillements subsistaient entre les grands chefs. On s'impatientait au G. Q. G. de Vitry ; on critiquait les craintes du général Bonneau, sa temporisation dans l'attaque des ouvrages du Rhin. Le général Dubail, qui dévoile ces choses, tenta de justifier la situation. Son officier de liaison, le lt-colonel Debeney, arrivant d'Alsace, avait vu les difficultés de près. « Le 7ᵉ Corps, rapportait-il, s'est heurté à la forêt du Hardt, dont la lisière était organisée, et n'a pu l'enlever... Les troupes viennent de passer 3 nuits sans dormir et presque sans manger : elles sont fatiguées. » (Quatre années de commandement.)

Cela se passait le matin du 9 août. Dans la soirée on apprit la contre-attaque des Allemands, puis l'abandon de Mulhouse. Cette nouvelle produisit une impression très désagréable au G. Q. G., qui intervint immédiatement par... des conseils ! — A 22 h. 25 le télégramme suivant était expédié de Vitry-le-François :

« Commandant en chef à commandant 1re Armée Epinal.

» Le 7e C. A. n'a devant lui que le 14e Corps (!), il est donc regrettable au plus haut point de céder devant une attaque sans avoir attaqué soi-même. Dans la situation du 7e Corps, c'est surtout par sa gauche qu'il faut agir violemment ; une vigoureuse *attaque de nuit* peut remettre les choses en bon point. »

Ce message n'atteignit pas le général Bonneau. Si ce dernier avait, par impossible, tenté la contre-attaque de nuit qu'on lui conseillait, il y a gros à parier que le coup de filet des Allemands eût réussi.

Mais des préoccupations plus pressantes le tenaillaient. A sa droite, la 14e Division battait en retraite dans des conditions difficiles. Par un ordre daté de Galfingen, le 10, à 3 h. 30 du matin, le général Bonneau s'efforça de rallier son corps d'armée sur la ligne Thann-Illfurt, pour le réorganiser et résister sur place. La 27e Brigade, encore intacte à Altkirch et qui devait être relevée dans cette ville par la 57e Division de réserve venant de Belfort, reçut l'ordre de se porter en avant pour recueillir les éléments de la 14e Division qui refluaient de Mulhouse. En outre, 2 brigades de la 8e Division de cavalerie furent déplacées de la droite vers la gauche pour renforcer la 41e Division dans la région d'Aspach, Schweighausen. Ces ordres produisirent tardivement leur effet. Néanmoins, à l'aube, les troupes en retraite s'arrêtèrent en partie sur la ligne de résistance indiquée ci-dessus et s'y réorganisèrent tant bien que mal.

A 6 h. 30, le général Bonneau rendait compte au commandant de la 1re Armée des nouvelles mesures prises. Le général Dubail, à son tour, transmettait ces renseignements au G. Q. G. français. En réponse, ce dernier téléphona directement à son mandataire, le commandant Maurin, envoyé au Q. G. du 7e Corps d'armée à Belfort : « Dites au général Bonneau la pensée du général Joffre, savoir : En présence du peu de monde qui se trouve devant le front Thann-Altkirch (le 14e Corps à peine au complet) et derrière lequel il n'y a presque rien jusqu'à Colmar (? !), rien ne peut obliger le 7e Corps à reculer, surtout s'il a organisé la position sur laquelle se trouvent actuellement les troupes, de façon à la rendre inviolable. — Réorganiser et faire reposer les troupes, de manière à pouvoir reprendre le plus tôt possible le mouvement en avant ; employer la division de cavalerie à éclairer les directions du nord et de l'est, et à inonder de patrouilles toute la région entre la position du 7e Corps et celle occupée par les Allemands, de manière à être renseigné constamment sur les mouvements qu'ils font. Ne pas hésiter à faire emploi de la main-d'œuvre civile pour la fortification. »

Serait-ce à propos de pareils ordres que le général Dubail notait ce même jour dans son journal de campagne : « On est très nerveux à Vitry et on entre malheureusement dans trop de détails. On devrait bien

laisser les commandants d'armée en face des instructions données, avec leur responsabilité et leur initiative. »

Ces documents prouvent que le G. Q. G. français
connaissait mal les intentions et les forces des adversaires du 7e Corps Bonneau. Aussi, ne peut-on guère
féliciter le Service de renseignements français de
l'activité ou de la perspicacité dont il a fait montre
en Alsace... et ailleurs, au début de la campagne
de 1914.

La tactique et la poursuite allemandes

Quand on examine le plan d'opérations du général von Heeringen en Haute-Alsace, on est frappé de
son analogie avec le vaste plan stratégique Schlieffen-
Moltke, alors en voie d'exécution sur l'ensemble du
front. C'est, dans un cadre restreint, la même
tactique d'enveloppement chère aux Allemands, le
même but avoué : l'anéantissement de l'ennemi ou
son rejet sur la Suisse.

Heureusement pour le 7e Corps français, le trop
fameux général von Deimling, qui commandait le
XVe Corps formant l'aile droite marchante du dispositif allemand, n'avait ni le génie ni le mordant
d'un von Kluck !

D'autre part, il n'est pas moins heureux pour les
Allemands qu'il n'y ait pas eu dans les Vosges, aux
environs du Hartmannswillerkopf, par exemple,
un Galliéni pour jeter sur leur flanc droit ou leurs
derrières une troupe de choc concentrée à cet effet...

Dieu sait quelle petite « Marne alsacienne » eût pu se produire et répercuter ses conséquences à Sarrebourg, Morhange et autre part.

Mais n'insistons pas. Dans le domaine de la guerre, il est toujours facile, sinon puéril, d'épiloguer sur le chapitre des « Occasions manquées. »

Le lendemain matin, assez tard, le XVe Corps Deimling reprit la poursuite vers le sud. Nous avons vu que les Français de la 41e Division s'étaient arrêtés sur les hauteurs Aspach-Schweighausen-Reinigen qu'ils fortifiaient en hâte. Comme à Steinbach, la veille, la bataille débuta par un violent bombardement à longue distance des positions françaises. Puis, les 2 divisions allemandes accolées, la 39e à droite et la 30e à gauche, franchirent la Doller et marchèrent à l'attaque. Celle-ci fut difficile, dit le récit officiel allemand. Les Français se défendirent âprement, avec des alternatives de succès et de revers. Néanmoins, de graves défections se produisirent parmi les troupes de réserve arrivées pendant la nuit de Belfort comme soutien. L'attitude d'un bataillon de chasseurs réservistes (le 45e improvisé) aurait notamment laissé à désirer. « Cela montre, écrit le général Superbie, Cdt. la 41e Division, dans son rapport de combat, qu'il ne faut guère compter sur une troupe de réservistes n'ayant pas subi un entraînement militaire d'une vingtaine de jours. » La remarque est à retenir.

Cette défection explique, sans doute, les commentaires peu élogieux que l'on trouve dans certains récits allemands concernant cette bataille. Voici une

version du lt-colonel Petri de la Reichswehr, alors
commandant d'un bataillon du 99e Régiment marchant à l'aile gauche de la 30e Division. « Reinigen
et le couvent d'Oelenberg furent pris sans difficultés.
Les Français ne tinrent pas mais se retirèrent en
abandonnant armes et bagages. Ceux-ci contenaient
les effets les plus baroques, inconnus aux soldats allemands : souliers laqués, habits civils, etc... Les trappistes du couvent d'Oelenberg nous reçurent au
mieux et nous régalèrent des provisions de leur cave. »
(2e Oberrheinisches Inf. Regt. 99.)

Oui, mais pendant ce temps l'aile marchante allemande n'avançait guère. Le général Deimling donna
l'ordre de percer à tout prix. Ex-brücke, Ober et Nie-
der-Burnhaupt, Schweighausen tombèrent après de
durs combats (in teilweise schweren Kämpfen.) Le
soir, le XVe Corps allemand occupait la position,
mais ses troupes étaient de nouveau à bout de souffle.

Quant au XIVe Corps, près de Mulhouse, épuisé
lui aussi, il montra peu de mordant dans sa poursuite
dirigée vers le sud. Au milieu du jour déjà, constatant qu'il donnait dans le vide, son chef l'arrêtait sur
la ligne Landser-Brunstatt.

Reflux sur Belfort.

Cependant, le 7e Corps français se repliait sur toute
la ligne en direction de Belfort, harcelé sur certains
points par la grosse artillerie allemande. Le mouvement commencé à la nuit tombante se précipita, irrésistible. Les troupes désorganisées, très éprouvées

Le Rümel.

Le B. R. : Beurneresi n-Réchésy.

physiquement et moralement, ne s'arrêtèrent qu'à la frontière. Le mardi matin, leur front était jalonné aux deux extrémités par Dannemarie et Massevaux. Seul le détachement du 133e Régiment occupant Thann, quoique coupé du gros, garda ses positions. Il ne fut pas inquiété ce jour-là.

Le reflux des Français causa aux Belfortains de sérieuses inquiétudes. On en trouve un écho dans un récit du général Thévenet gouverneur de la place : « La nouvelle de l'évacuation de Mulhouse, écrit-il, fut apportée à Belfort, le 10 au matin, par des isolés qui, démoralisés et désorientés, avaient quitté Mulhouse vers la fin du combat dans la soirée du dimanche, avaient parcouru de nuit, tout d'une traite, les 40 km. qui les séparaient de Belfort et étaient arrivés le lundi matin jusqu'aux ouvrages de la place. Ils étaient peu nombreux heureusement, mais on signalait sur les routes de Foussemagne et de Montreux des files de voitures de réquisition qui se repliaient vers Belfort comme vers un port de salut, et dans lesquelles l'arrivée du moindre peloton de cavalerie aurait jeté un désordre irréparable. Le gouverneur donna des ordres immédiats pour interdire l'accès de la place à tous les débandés et pour dévier tous les courants de reflux vers le nord et vers le sud. » (Général Thévenet : La place de Belfort en 1914).

Mais la cavalerie allemande ne se montra pas et l'infanterie vint trop tard. Il semble bien que les 2 corps d'armée allemands tâtonnèrent dans leur poursuite, orientée surtout vers le sud. Idée préconçue ? Peut-être. En tout cas, la poursuite fut molle, hésitante. Etait-ce l'effet de la résistance française inattendue, de l'épuisement des troupes, des pertes subies, des erreurs des chefs ? Tout cela est possible. Quoi qu'il en soit, la proie s'était échappée vers l'ouest.

Quand le général von Heeringen s'en rendit compte, il fit stopper les gros des 2 corps d'armée et les mit au repos entre Cernay, Altkirch et Mulhouse. La poursuite fut confiée à quelques détachements mixtes (« fliegende Kolonen ») composés d'infanterie et d'artillerie. Ces colonnes volantes rayonnèrent vers le sud et l'ouest, poussant jusqu'à le frontière suisse. Il en résulta de nombreuses escarmouches avec les arrière-gardes françaises, et, le 13 août, un véritable combat dans les parages de Montreux-le-Jeune.

Combat de Montreux-Jeune ou de Romagny.

Cette dernière affaire a donné lieu à des relations plus ou moins tendancieuses. Les documents aujourd'hui connus permettent de voir clair dans ce qui s'est passé.

Les combats d'Altkirch et de Montreux-Jeune constituent, d'ailleurs, les 2 plus importants faits d'armes qui se soient produits pendant la guerre à proximité immédiate de la frontière suisse. C'est pourquoi ils méritent de retenir plus longuement notre attention.

Tandis que le 7e Corps d'armée français se repliait derrière l'ancienne frontière, au nord du canal du

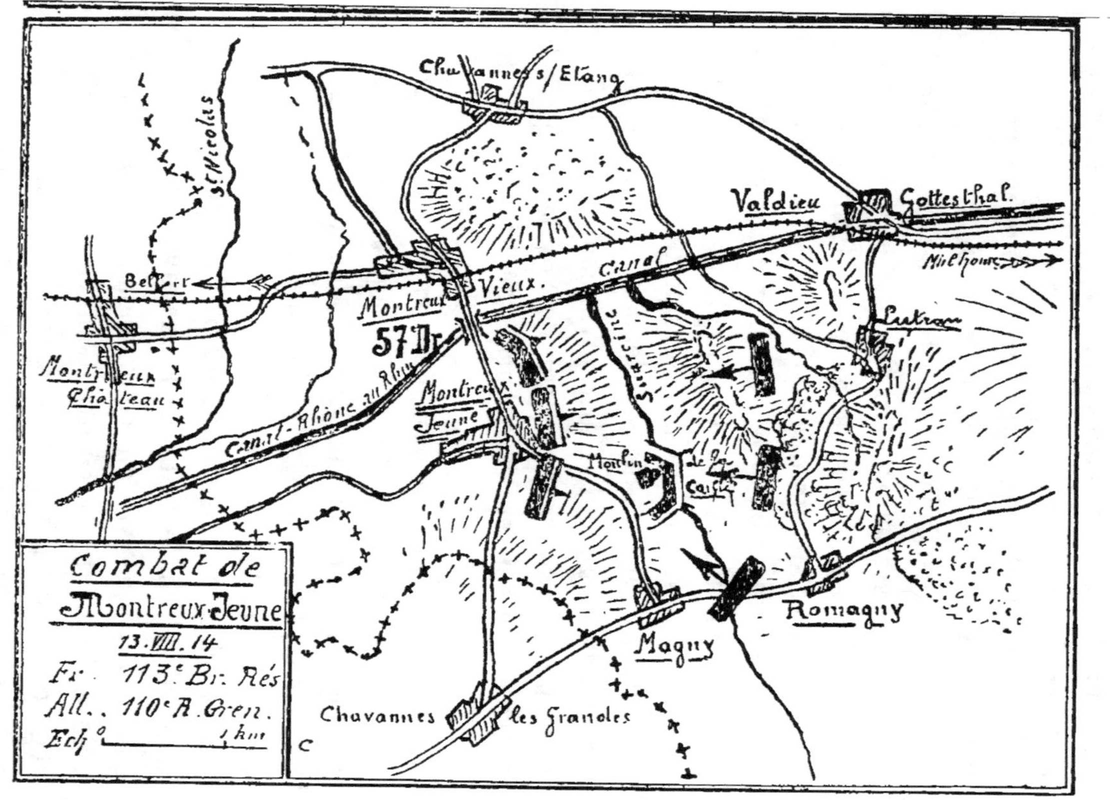

Chavannes s/Etang
Valdieu
Gottesthal.
St Nicolas
Mülhous.
Belfort
Montreux Vieux.
Canal
Lutran
57 D.
Montreux Château
Canal-Rhône au Rhin
Montreux Jeune
Suarcine
Moulin de la Caisse
Romagny
Magny
Chavannes les Grandes
C
Combat de
Montreux-Jeune
13. VIII. 14
Fr. 113e Br. Rés.
All.. 110e R. Gren.
Ech°   1 km

Rhône au Rhin, la 57e Division de réserve prenait
position de chaque côté du canal, sur la ligne Roma-
gny-Montreux-Chavannes-l'Etang, pour couvrir Belfort vers le sud-est.

Le 13 août, de bon matin, une colonne volante for
mée par le 2e Bataillon du 109e Régiment de grenadiers allemands (XIV. C. A.) tomba dans une sorte
de guet-apens organisé dans le village de Romagny.
Au dire des Allemands, le maire de Romagny avait
assuré aux éclaireurs que son village était inoccupé.
A l'entrée du village, le détachement allemand fut
accueilli par une violente fusillade et dut se replier
sur Dannemarie en subissant des pertes.

L'autre régiment de la brigade : « Das 2te Bad.
Grenadier Regiment Kaiser Wilhelm 1. No 110 »,
parvenu à Dannemarie, reçut l'ordre de venger cet
échec et de rejeter les Français de l'autre côté du
canal. Renforcé d'un groupe d'artillerie (IIe F. A. 50.),
d'obusiers et d'un peloton de cavaliers du 5e Régiment de chasseurs à cheval, il attaqua vers 4 heures,
en 3 colonnes, le secteur Magny, Moulin de la Caille,
Montreux, tenu par la 113e Brigade de réservistes de
la 57e Division française.

Les éclaireurs allemands du 5e Chasseurs allèrent
d'abord cueillir le maire de Romagny et l'amenèrent
plus mort que vif au commandant du régiment,
colonel Freiherr von Grüter. Celui-ci, après un interrogatoire sommaire, fit expédier à Mulhouse le prisonnier qui protestait vainement de son innocence
et de sa bonne foi. « Nous apprîmes plus tard, dit le
narrateur allemand, que tout [Romagny, maire en

tête, formait un fameux nid de contrebandiers ! (ein berüchtigtes Schmugglernest). »

Le commandant du régiment ordonna, en outre, de bombarder le village, à courte distance, pour le punir de la trahison du matin (als Strafe für den Verrat vom Vormittag). Plusieurs maisons furent démolies ou incendiées. Mais d'ennemi, point de caché ! (Vom Feinde zeigte sich nichts).

Ce bombardement était visible de la frontière suisse. Pendant longtemps nos postes d'observation ont repéré Romagny, avec son église à la façade trouée, au clocher démantelé... Dans la région, on m'a rapporté d'autres cas peu édifiants de la conduite des grenadiers du 110e Régiment Kaiser Wilhelm envers la population coupable d'avoir abrité des soldats français (1).

Mais revenons à l'attaque proprement dite. Tandis que la colonne de gauche bombardait Romagny par vengeance, la colonne de droite se heurtait aux réservistes français habilement retranchés dans les maisons de Montreux-Jeune. Chose curieuse, cette localité avait été signalée par les éclaireurs allemands comme étant inoccupée. A ce propos, le narrateur allemand précité note avec dépit :

« C'était, au commencement de la guerre, la tactique favorite des Français. Ils se dissimulaient aux éclaireurs, laissaient venir les gros, puis ouvraient brusquement le feu sur les flancs et sur les derrières de nos troupes. »

____

(1) Le meurtre d'un enfant, à Magny, a inspiré les strophes vengeresses du poète Miguel Zamacoïs : « L'enfant au fusil de bois ».

Pourquoi les Allemands s'en plaindraient-ils ? C'est de la tactique permise qui décèle une belle dose de courage...

En un clin d'œil, le combat s'engagea sur toute la ligne, de Magny à Montreux, avec des péripéties diverses. Les Allemands prétendent que la grosse artillerie des forts aurait participé à l'action en tirant de Chèvremont (8 km. est de Belfort). Les réservistes français de la 113e Brigade, qui voyaient le feu pour la première fois, se défendirent énergiquement au début. Mais bientôt Magny tomba aux mains des Allemands. Puis ce fut le tour du Moulin de la Caille. L'attaque allemande se concentra alors sur Montreux-Jeune. Craignant d'être écrasés par des forces supérieures et coupés du reste de la division, les Français lâchèrent pied et se précipitèrent sur le pont reliant les 2 Montreux, malgré les efforts de leurs officiers. Repérés par des mitrailleuses allemandes, les fuyards furent massacrés. « Des monceaux de morts et de blessés obstruaient le pont. — Haufen von Toten lagen auf der Brücke. » — raconte l'historien allemand...

Sur ces entrefaites, la nuit était venue. Les Allemands victorieux canonnèrent Montreux-Vieux, mais n'essayèrent pas de franchir le canal, derrière lequel le gros de la 57e Division de réserve se fortifiait. Le 110e Régiment de grenadiers se rassembla à Romagny et regagna Dannemarie, dans la nuit, sans être inquiété. Son historiographe écrit que les pertes du détachement furent de 29 tués et 325 blessés, parmi lesquels 10 officiers.

Quant aux Français, le gouverneur de Belfort estime qu'ils perdirent 800 hommes, tués ou blessés, appartenant pour la plupart à la 113e Brigade. «Celle-ci n'avait encore jamais vu le feu, dit-il, lorsqu'elle soutint le choc principal de l'ennemi ; ses officiers se multiplièrent et leurs pertes furent particulièrement élevées ; le 235e R. eut à lui seul sept capitaines sur huit hors de combat, dont 4 restèrent parmi les morts. L'ennemi, de son côté, perdit de 1.800 à 2.000 hommes et se retira en abandonnant sur le terrain des armes, des équipements et des munitions. » (Général Thévenet : La place de Belfort.)

Cette dernière estimation des pertes allemandes est sujette à caution.

Une chose plus certaine, c'est que la 57e Division de réserve française fut mal arrangée. Une panique nocturne aggrava encore sa désorganisation partielle. Pendant quelques jours, cette division se montra hors d'état de reprendre l'offensive avec le reste de l'armée d'Alsace.

Nouveaux projets allemands.

On a prétendu que les Allemands, dans leur poursuite, avaient l'intention de percer entre la frontière suisse et Belfort et d'investir la place. A ce sujet, le général Thévenet écrit que leurs chefs « étaient renseignés sur l'impuissance momentanée à laquelle les travaux entrepris pour sa réfection réduisaient le fort de là Chaux, et qu'ils avaient pour objectifs successifs Montreux, Bourogne et peut-être Mont-béliard. » C'est douteux, car les détachements de poursuite n'étaient pas assez forts pour tenter pareille entreprise. Le combat de Montreux ne pouvait être qu'un dernier coup de boutoir, une démonstration destinée à masquer le retrait des 2 corps d'armée allemands.

En revanche, si ceux-ci au complet avaient poursuivi vigoureusement, et en bonne direction, les éléments du 7e Corps passablement désorganisés et affaiblis, il est possible que la place de Belfort eût couru alors un sérieux danger.

Mais l'armée du général von Heeringen avait une autre tâche en vue : la couverture de Strasbourg. Le 14 août, le XIVe Corps repassait le Rhin. Enwagonnées en gare de Mulheim et environs, ses troupes débarquaient à Strasbourg le 15, et gagnaient la place qui leur était réservée dans la lutte imminente de la 7e Armée allemande contre la 1re Armée du général Dubail.

Le XVe Corps en faisait de même par la rive gauche du Rhin. Mais le transport par voie ferrée n'ayant pas joué comme l'aurait voulu le général Deimling, celui-ci fit exécuter partiellement la mise en place de son corps d'armée à marche forcée le long des Vosges.

Pour remplacer ces troupes actives en Haute-Alsace, 3 1/2 brigades de Landwehr étaient échelonnées sur la rive droite du Rhin, de Brisach à Huningue. Ce Détachement d'Armée, plus ou moins indépendant, aux ordres du général Gaede, comprenait 21 bataillons, 5 escadrons et 10 batteries. Son nom indique clairement la nature de sa tâche : Deckungstruppen am Oberrhein (troupes de couverture du Haut-Rhin). Nous le retrouverons, dans quelques jours, aux prises avec l'Armée du Général Pau.

En attendant, constatons une fois encore la faillite de la manœuvre alsacienne élaborée par le général von Heeringen, en nous référant au récit officiel allemand. Ce dernier contient diverses explications qui laissent percer un certain dépit :

« Le projet du général commandant la 7e Armée de rejeter les Français sur la Suisse (Abdrângen der Franzosen gegen die Schweiz) était difficilement réalisable à cause du manque de chemins dans la région montagneuse du flanc droit. La répartition des forces ne correspondait pas aux intentions du chef, et les subordonnés furent mis trop tard au courant de ses intentions. En outre, la conduite des troupes n'a pas joué partout sans frottement (Auch die Führung hatte nicht überall reibungslos gearbeitet).

L'adversaire s'était échappé habilement (geschickt entzogen) à l'enveloppement. Les Français avaient réussi à se soustraire à l'anéantissement projeté. Cependant, l'ennemi était refoulé du territoire allemand et nous avions remporté le premier succès en rase campagne. Mais le peu de butin et de prisonniers tombés entre nos mains, ainsi que l'épuisement qui se manifesta chez nos troupes les jours suivants, ne procurèrent pas au commandement une joie sans mélange. « Der Feind war aus dem Lande verjagt

und ein erster Waffenerfolg im freiem Felde errun-
gen, aber die geringe Beute an Gefangenen und
Kriegsgerät und die in der folgenden Tagen deutlich
fühlbare Erschöpfung der eigenen Truppe liess bei der
Führung eine ungemischte Freude nicht aufkom-
men. » (Reichsarchiv : Der Wetlkrieg 1914-18.)

A Berlin, la joie. - A Paris, la tristesse.
En Alsace, la terreur !

Ce premier succès fut bruyamment fêté à Berlin.
On pavoisa, on illumina, et Guillaume II fit parvenir
aux troupes victorieuses l'expression de son impé-
riale satisfaction.

En France, cet échec inattendu suscita une stu-
peur et une déception profondes que dissimule mal le
communiqué officiel du 13 août : « Notre brigade
d'avant-garde, y lit-on, contre-attaquée par tout le
corps d'armée badois et 1 division du XVe corps allemand, s'est retirée non pas de son propre mouve-
ment, mais sur l'ordre du commandant de corps d'armée, qui jugeait sa situation périlleuse... Sa mission
étant d'ailleurs terminée, il n'y avait pas lieu de l'y
maintenir ; toutes les forces allemandes l'ont suivie
et sont venues se heurter à notre ligne de résistance
principale, qui n'a pas été forcée. Les 2 partis en sont
restés là. Nous disposons en Haute-Alsace de forces
considérables s'appuyant à la place de Belfort ; notre
situation demeure la même ; elle est excellente. »

Quant à nos voisins alsaciens, ils étaient vraiment

à plaindre. Ces chassés-croisés sur leur territoire les mettaient dans une situation tragique qu'évoquent les journaux de l'époque.

« Dans la nuit de mercredi à jeudi, relate le *Démocrate* du 14 août, la population des villages alsaciens a été réveillée en sursaut au bruit des cloches un peu avant minuit. Devant la population anxieuse, les policiers allemands revenus à la suite des troupes ont annoncé que tous les propriétaires, fermiers ou locataires qui ont hébergé ces derniers jours des soldats français devaient s'annoncer auprès de l'autorité. Toute personne qui n'obtempérerait pas à cet ordre serait fusillée sans autre forme de procès, s'il était prouvé que des soldats français ont été reçus dans leur immeuble. Dans un cas comme dans l'autre, nos malheureux voisins risquent bien d'être passés par les armes !... »

Après les bombardements, les destructions, les incendies auxquels nous, soldats suisses, assistions anxieusement du haut de nos observatoires, la délation et la terreur exerçaient leurs ravages à nos portes. Et pourtant, le martyre de l'Alsace ne faisait que commencer !...

Mécontentement du G. Q. G. français

Le commandement allemand, malgré les apparences, n'était donc pas très satisfait de sa manœuvre alsacienne.

Le Grand Etat-major français l'était bien moins encore, si nous en croyons le général Dubail : « Le général Joffre, dit-il, s'est montré fort mécontent de l'insuccès du 7e Corps et surtout de la persistance de sa retraite. »

Puis il relève les fautes que le général Bonneau aurait commises : manque d'énergie et de prévoyance, insuffisance des ordres donnés, lacune dans le service de liaisons et de renseignements, etc. Enfin, sa cavalerie n'aurait pas rendu les services qu'on en attendait, étant restée constamment collée à l'infanterie. « Bref, conclut-il, le général Joffre a compris que le 7e Corps serait impuisssant à lui seul à exécuter sa mission en Haute-Alsace, et a décidé la formation d'une Armée d'Alsace sous les ordres du général Pau. »

Ce dernier fut avisé, le 10 déjà, de la décision du commandant en chef. Il reçut l'ordre de constituer immédiatement l'Etat-major de la nouvelle armée destinée à reprendre la tâche du 7e Corps. C'était un peu tard. Nous verrons qu'il eût mieux valu diriger l'Armée du général Pau ailleurs, vers le nord où l'attendait une besogne autrement utile.

Sanctions !

Il nous reste à examiner une sanction qui marque la fin du 1er acte du drame alsacien : la mise à pied du général Bonneau.

Malgré l'optimisme du communiqué officiel, la presse française reflétait l'inquiétude et le mécontentement de la population. « L'Homme libre » de Clémenceau, par exemple, insistait pour savoir ce qui s'était passé en Alsace et maints journaux faisaient chorus. On sentait que des erreurs avaient été commises. Le général en chef s'en prit au général Bonneau et à deux divisionnaires qui furent relevés de leur commandement.

Pour qui connaît les faits, cette mesure frisait l'injustice. Elle a provoqué de sévères appréciations.

Le général Dubail, qui ne fut pas toujours tendre pour son subordonné, mentionnait alors dans son journal : « J'apprends qu'un commandant de corps et 2 divisionnaires ont été dépossédés de leur commandement... Si des fautes de commandement ont été commises, les sanctions se justifient ; mais il ne faudrait pas que la suspicion vînt briser certains ressorts. Faut-il noter que, déjà, un général de division vient de se suicider à la suite d'observations faites par son commandant de corps d'armée ?... »

Plusieurs historiens et écrivains militaires autorisés ont émis également, à ce sujet, des commentaires suggestifs. Je me bornerai à citer ceux de deux généraux français bien documentés. « ...Cependant, la première et fâcheuse offensive sur Mulhouse venait d'avoir lieu, écrit le général de division Regnault. Ordonnée par le général en chef, imposée par lui au général commandant le 7e C. A., qui dut la faire malgré les avis réitérés qu'il avait donnés indiquant le piège qu'il savait tendu aux faibles effectifs chargés de l'exécuter, elle pouvait entraîner un désastre ; elle aboutit à un échec. Le général commandant le 7e Corps d'armée et un général cdt. de division furent relevés : ils payaient ainsi l'erreur du commandement supérieur. » (Général Regnault : Les officiers limogés.)

Un autre critique militaire déjà cité, le général Palat, traitant de la « *malheureuse opération* » alsacienne et des sanctions qu'elle entraîna, conclut : « Ainsi débutait la longue série de mutations qui devaient renouveler constamment tout le haut commandement, parfois au détriment de l'Armée et de la Nation.

Le 7 juillet 1917, M. Painlevé, ministre de la guerre, disait à la Chambre : « Trop souvent, au cours de cette guerre, le chef qui avait averti du péril s'est vu sacrifier pour n'avoir pu se faire entendre, tandis que celui qui avait donné l'ordre est sorti indemne (applaudissements), en sorte que, il y a un an, un de nos plus brillants officiers — mort depuis — pouvait dire que la recherche des boucs émissaires paraissait un système dans l'Armée française » (Général Palat : La Grande Guerre sur le front occidental).

Quand on lit ces lignes, des noms se présentent involontairement à la mémoire : Bonneau, Lanrezac, Gallieni, Ruffey... Sait-on que pendant le seul mois d'août 1914, trente-trois généraux furent relevés de leur commandement, soit : 2 généraux commandants d'armée, sur 5 ; 7 commandants de corps d'armée, 24 commandants de division, sans compter les généraux commandants de brigade et autres ? Ces officiers supérieurs limogés, le général Joffre les connaissait ou devait les connaître, puisqu'il les avait choisis, puisqu'il était leur chef depuis 3 ans. Qui donc admettra que tous aient été fautifs ou incapables ?

En réalité, cette hécatombe d'officiers était destinée à justifier l'échec du plan XVII. Au lieu de changer les chefs devant l'ennemi, peut-être eût-il mieux valu changer de doctrine. Certes, je m'en voudrais de faire des personnalités ou de porter des jugements téméraires. Mais après avoir étudié à fond la première affaire de Mulhouse, j'ai acquis la conviction qu'une erreur, sinon une injustice, a été commise à l'égard du général Bonneau. Cela étant, j'en commettrais une à mon tour si je ne le disais pas. A chacun sa part de responsabilité. Des fautes, il s'en commettra toujours. « Errare humanum est ! » Seuls les gens qui ne font rien n'en commettent pas ! Aussi ceux-là ne nous intéressent-ils point.

Mais qu'on me comprenne bien : j'entends ne nuire à personne. En contribuant à détruire une erreur, accréditée jadis par des rapports incomplets et tendancieux, je rends hommage à la vérité. Je n'ai pas d'autre but. Cela ne saurait porter ombrage à la gloire de qui que ce soit.

Parmi les officiers limogés, plusieurs ont publié des mémoires expliquant ou justifiant leur attitude. C'est leur droit. La postérité les jugera. Quant au général Bonneau, après sa disgrâce, il s'est retiré silencieusement dans le Midi de la France où, en vrai philosophe, il cultive encore son jardin.

Je ne saurais mieux terminer ce chapitre qu'en citant un passage de la lettre qu'il m'adressait récemment, en réponse à une demande de renseignements :

« Je n'ai pas écrit l'histoire de ma courte opération
« en Alsace, et je n'ai même pas lu ce qu'on a publié
« à ce sujet, car, écœuré des procédés qu'on a employés
« à mon égard, je me suis replié sur ma conscience
« qui m'a donné la tranquillité et la paix, dont je
« jouis en vivant en simple paysan dans le merveil-
« leux climat de la Provence. »

Belles paroles de sage et de soldat !

Frontière allemande.

Frontière française.

CHAPITRE V

LE DRAME ALSACIEN

La 2ᵉ expédition de Mulhouse

L'Armée d'Alsace

Bien que le communiqué français du 13 août 1914 eût annoncé au monde entier que « la mission du 7ᵉ Corps d'armée en Alsace étant d'ailleurs terminée, il n'y a pas lieu de l'y maintenir », le général Joffre résolut de recommencer l'opération ratée. Mais cette fois, instruit par l'expérience, il y consacrera des forces importantes qui certainement auraient trouvé un meilleur emploi ailleurs.

Le 10 août déjà, à la nouvelle de l'abandon de Mulhouse, il décrétait la constitution d'une nouvelle armée, composée de tous les éléments disponibles dans les parages de la droite française. Le 7ᵉ Corps d'armée, la 8ᵉ Division de cavalerie et la 57ᵉ Division de réserve de Belfort en formaient le noyau, auquel devaient s'ajouter, au fur et à mesure de leur débarquement, les 3 divisions du 1ᵉʳ groupe de réserve à

Vesoul (58e, 63e, 66e Divisions), la 44e Division d'Afrique et 5 bataillons de chasseurs alpins. Au total : 1 division de cavalerie, 3 divisions de l'active, 5 bataillons de chasseurs alpins, 4 divisions de réserve. Soit un total d'environ 150.000 hommes. Ce nouveau groupement prit le nom *d'Armée d'Alsace* ou 7e *Armée française*, et fut placé sous le commandement du général Pau.

Le général Pau

Grand blessé de la guerre 1870 /71, le célèbre général avait alors 66 ans. Atteint par la limite d'âge en 1913, après une brillante carrière militaire, il avait offert ses services dès la déclaration de guerre. Bien connu en Suisse, où il rencontra l'empereur d'Allemagne aux manœuvres de 1912, le général Pau jouissait d'une réputation mondiale. En 1911, il fut question de lui confier le poste de futur généralissime des armées françaises. Il se désista en faveur du général Joffre. Aussi, ce dernier n'avait-il rien à lui refuser. On sent la déférence dans le 1er ordre que le commandant en chef adressa au général Pau pour le renseigner sur la situation et la mission de l'Armée d'Alsace.

En voici un extrait :

Au Grand Quartier général, le 12 août 1914, 12,55

« *Le commandant en chef au général cdt. l'Armée d'Alsace, à* » *Belfort.*

« L'instruction générale n° 1, en date du 8 août, fixe le rôle » attribué aux troupes qui doivent opérer en Alsace.

» Il vous appartient de déterminer le moment où il sera
« possible à l'Armée d'Alsace de remplir le rôle qui vous est
« confié.

» Je dois toutefois vous faire connaître que j'ai fixé au 14
« août la date à laquelle la 1re armée prendra l'offensive con-
« tre l'Armée allemande de Sarrebourg.

» Il est utile que l'attention de l'ennemi continue à être
» attirée vers la Haute-Alsace, et que les forces qu'il a pu
« diriger dans cette région y soient maintenues.

« L'Armée d'Alsace aurait par la suite à faire preuve d'ac-
« tivité en utilisant tous les éléments dont la situation maté-
» rielle et morale permet l'emploi. Vous êtes seul juge des con-
« ditions dans lesquelles peut se manifester cette activité.

» Dans le même ordre d'idées, faites répandre le bruit de
l'arrivée des troupes d'Afrique à Belfort.

J. JOFFRE. »

Une tâche difficile et discutable

La tâche du général Pau était donc exactement
la même que celle qui fut confiée prématurément
au général Bonneau. L'instruction générale N° 1
mentionnée ci-dessus la précisait, on s'en souvient,
comme un corollaire de l'idée maîtresse du Plan XVII:

« L'intention du général en chef est de rechercher
la bataille, toutes forces réunies, en appuyant au
Rhin la droite du dispositif général des armées françaises. »

Pour cela, il fallait donc : 1) pénétrer en Alsace, 2) refouler les Allemands de l'autre côté du
Rhin, 3) détruire les ponts ou les masquer, 4) descendre ensuite vers Colmar et Strasbourg pour
appuyer l'attaque des 1re et 2e armées françaises
dans la trouée des Vosges. Cette tâche difficile, imposée à la légère au seul corps d'armée Bonneau qui s'y

épuisa, allait se révéler irréalisable même pour l'Armée d'Alsace, malgré le nombre des exécutants et le talent de l'entrepreneur.

Connaissant les événements qui se déroulaient alors en Belgique, on peut se demander pourquoi le général Joffre persistait dans ses visées offensives par l'Alsace. Est-il admissible qu'en date du 12 août il ne se soit pas encore rendu compte du redoutable danger d'enveloppement qui le menaçait au nord ? Ou bien, comme on l'a prétendu, se laissa-t-il guider par des idées préconçues ou des raisons d'amour-propre ? L'échec de Mulhouse, bien qu'humiliant pour ses promoteurs, ne pouvait-il se venger ailleurs qu'à Mulhouse ? Ces questions appartiennent au domaine de la critique militaire. Déjà les réponses abondent. Je ne m'y arrêterai pas. Mais il est permis de croire, avec le colonel Grouard, que si le 12 août le haut commandement s'était rendu compte du danger qui menaçait l'Armée française sur la Sambre, « il était encore temps de réunir entre Sambre et Meuse les forces suffisantes pour arrêter l'invasion. » (Colonel Grouard : Le haut commandement et l'E. M. Fr. : Revue m. s., avril 1924).

Mais les arbitres du destin en avaient décidé autrement. Le général Pau et son armée n'étaient pas convoqués à Maubeuge ou à Givet pour barrer la route à von Kluck, mais bien à Belfort pour batailler contre l'inoffensive Landwehr allemande, immobilisée sur les bords du Haut-Rhin...

Il arriva dans la place le 13 au soir pour y établir son Quartier-général. L'Etat-major de la nouvelle armée avait pour chef un artilleur, le lt-colonel Buat, le futur organisateur de l'artillerie lourde, qui termina la guerre en qualité de major-général du maréchal Pétain. Un autre artilleur et organisateur de marque, le colonel Nivelle, futur généralissime des armées françaises, commandait aux 2 batailles de Mulhouse le 4e Régiment d'artillerie du 7e Corps d'armée. Les grands hommes ne manquaient pas à l'Armée d'Alsace.

A peine installé, son nouveau commandant publia l'ordre général No 1 : « Le général Pau, y lisons-nous, nommé au commandement de l'Armée d'Alsace, prend ses fonctions à la date de ce jour. »

Ces fonctions n'étaient certes pas faciles et débutaient sous de fâcheux auspices. Le soir même de son arrivée, le général Pau apprenait le sanglant échec de la 57e Division à Montreux-Jeune. Tout était à organiser ou à réorganiser. Le temps pressait. La 1re et la 2e Armées françaises avaient l'ordre de commencer leur offensive le lendemain, 14 août, en direction de Sarrebourg-Morhange. Or, pour leur être utile en appuyant leur flanc droit, l'Armée du général Pau devait progresser rapidement vers le Rhin et gagner sans retard la Basse-Alsace. Mais le 7e Corps d'armée et la 57e Division qui tenaient le front Massevaux-Montreux étaient très éprouvés par les derniers combats. A leur droite, la 8e Division de cavalerie stationnée à proximité de la frontière suisse ne valait guère mieux. Les chevaux étaient littéralement fourbus par 15 jours consécutifs de dures randonnées.

Le commandant de l'Armée d'Alsace estima que plusieurs jours de repos seraient indispensables pour remettre ces unités en état de reprendre l'offensive. Quant aux autres troupes, elles étaient en train de débarquer en arrière du front pour gagner l'une après l'autre leurs emplacements dans le cadre de la nouvelle armée.

Le général Pau exposa télégraphiquement la situation au commandant en chef à Vitry : « Le rôle intégral assigné par l'instruction générale N° 1 ne pourra être rempli à la date fixée par votre télégramme chiffré du 12 août. L'Armée, non encore constituée d'ailleurs au jour indiqué, s'efforcera de retenir l'ennemi en Haute-Alsace, s'il veut s'en retirer, ou de le contenir, s'il attaque. Quand elle sera constituée, on passera à la mission initiale ».

En conséquence, le plan d'opérations déjà arrêté pour la journée du 14 fut sensiblement modifié. L'armée qui avait reçu l'ordre de s'avancer sur tout son front, entre la frontière suisse et le col de la Schlucht inclus, « se bornera à tenir ferme, à résister, s'il y a attaque, sur le front de défense actuel ».

Seule la gauche, dans les Vosges, renforcée de 5 bataillons de chasseurs fraîchement débarqués, gardait l'ordre de progresser sans retard par les vallées débouchant dans la plaine alsacienne.

Le plan du général Pau

Mais, le 14 août, le général Pau s'aperçoit bientôt que les Allemands se replient sur toute la ligne. Dans la Trouée de Belfort, par exemple, il n'y a plus rien devant les avant-postes français. Les patrouilles rapportent que Dannemarie est évacué par les grenadiers allemands du XIVe C. A. qui y ont laissé tous les blessés. Cela étant, une plus longue inaction serait regrettable. Le commandant de l'Armée d'Alsace s'en rend compte et décide de donner à l'ennemi « l'impression qu'il ne peut se retirer impunément ».

Le 7e Corps, pivotant à droite sur la 57e Division, avancera donc et atteindra la ligne Valdieu, Sulzbach, Gewenheim-Rodern, pour se relier aux bataillons alpins qui descendent la vallée de la Thur, sur Thann. Puis, le même jour, dans une « Instruction personnelle et secrète », le général Pau oriente ses subordonnés sur son plan de campagne : « L'intention du général commandant l'Armée est de pénétrer en Alsace par les cols des Vosges au sud de la Schlucht inclus et par la Trouée de Belfort, mouvement appuyé à gauche par les éléments de la 1re Armée (Dubail) débouchant plus au nord. — A cet effet, le 7e Corps et la 8e Division de cavalerie se dirigeront sur Mulhouse. Leur marche sera réglée de manière à permettre l'entrée en ligne des divisions de réserve au fur et à mesure de leur débarquement, sans leur imposer des fatigues excessives. Dans ces conditions, la 58e Division de réserve sera placée de manière à agir sur la gauche du 7e Corps en débouchant des Vosges. — La 63e Division sera destinée à renforcer directement l'action du 7e Corps. — Les 66e et 44e Divisions seront, dès le débarquement de leurs éléments combattants, amenées en situation d'appuyer la droite du 7ᵉ Corps dans son attaque ».

A propos de ces instructions, l'historien français, M. Hanotaux, écrit : « Il semble que le plan du général Pau fut de tourner l'Armée allemande pour la cerner ou la rejeter, au pis, sur la frontière suisse ». La tendance de l'Armée d'Alsace d'avancer sa gauche au début, en pivotant sur la droite, paraît justifier cette assertion. Néanmoins, il ne faut pas oublier que l'objectif assigné au général Pau était Colmar, puis Strasbourg, où sa collaboration était nécessaire au général Dubail. En exécutant la manœuvre que lui prête M. Hanotaux, il tournait le dos à cet objectif capital.

Quoi qu'il en soit, le général Pau fait montre d'une prudence extrême. L'expérience cuisante du général Bonneau influence évidemment ses dispositions. Ce n'est pas lui qui aurait ordonné à ce dernier la tactique de « casse-cou » préconisée par ses devanciers !...

Le 14 au soir, son armée a atteint sans difficulté la ligne qui lui est assignée. Elle n'en bougera pas le jour suivant. « Demain, 15 août, l'Armée d'Alsace maintiendra l'occupation des positions sur lesquelles elle s'est portée aujourd'hui, prescrit l'ordre d'opérations Nᵒ 3. Leur organisation sera rendue aussi complète que possible. Sous cette réserve et tout en continuant à surveiller les mouvements de l'ennemi, il sera laissé aux troupes le maximum de repos, de manière qu'au moment où l'ordre sera donné de reprendre l'offensive, celle-ci puisse avoir lieu dans les meilleures conditions de vigueur et de rapidité ».

Le 15, le général Pau a l'impression que le « vide s'accentue entre Cernay et Ferrette » et qu'il y a lieu d'agir. Son ordre d'opérations N° 3 bis pour la journée du 16 prévoit la continuation de l'offensive sur tout le front « dans le but de s'emparer des débouchés des vallées de Guebwiller et de Münster et d'atteindre, dans la plaine d'Alsace, le front Cernay-Dannemarie ». Suivent des ordres détaillés pour les unités qui composent le dispositif de marche. Il importe de connaître ce dernier pour bien comprendre les événements ultérieurs. Le voici dans ses grandes lignes :

A l'extrême gauche, dans les Vosges, la 81ᵉ Brigade renforcée d'un groupe de 3 bataillons de chasseurs alpins (5ᵉ, 13ᵉ et 30ᵉ) continuera sa progression dans la vallée de Münster où elle s'est heurtée à des barrages successifs. Elle s'efforcera d'atteindre le débouché de la vallée, face à Colmar. Un autre groupe de 3 bataillons de chasseurs (12ᵉ, 22ᵉ et 28ᵉ) progressera de même par la vallée de la Thur pour gagner Cernay.

Au centre, le 7ᵉ Corps s'avancera par la Trouée de Belfort, la 41ᵉ Division à gauche, au pied des Vosges ; la 14ᵉ à droite, son aile appuyée au canal du Rhône au Rhin.

A droite du 7ᵉ C. A., des éléments de la 57ᵉ Division de réserve atteindront Dannemarie et la vallée de la Largue.

A l'extrême droite, la 8ᵉ Division couvrira le dispositif de marche et patrouillera entre le canal susmentionné et la frontière suisse.

Derrière, en 2ᵉ ligne, les divisions de réserve et la

44e Division d'Afrique viendront occuper successivement leurs emplacements au fur et à mesure de leur débarquement : 58e D. R. aux cols des Vosges ; 66e, 63e et 44e dans la Trouée de Belfort.

On constatera que, toutes proportions gardées, ce dispositif est sensiblement le même que celui du général Bonneau lors de sa marche sur Mulhouse. Comme ce dernier, le général Pau échelonne et renforce sa droite car on craint toujours une contre-attaque allemande débouchant d'Huningue et de la frontière suisse.

La relève allemande en Alsace

Mais les Allemands avaient bien d'autres préoccupations. En constatant, le 11 août, que les Français du général Bonneau s'étaient dérobés à l'enveloppement projeté, le commandant de la 7e Armée, général von Heeringen, avait arrêté les gros des XIVe et XVe Corps d'armée pour les reprendre en main après un court repos aux environs de Cernay et de Mulhouse. Des colonnes volantes mixtes, on s'en souvient, furent chargées de la poursuite. Nous les avons vues à l'œuvre. Le prince Ruprecht, commandant l'aile gauche de l'Armée allemande, pressait le général von Heeringen de ramener ses corps d'armée vers le nord pour participer à la contre-attaque qui se préparait en riposte à l'offensive des 1re et 2e Armées françaises. Dans la nuit du 14 déjà, les embarquements commençaient à Mülheim et à Mülhouse. Le XIVe Corps actif et le XIVe Corps de réserve gagnèrent leurs emplacements vers Sarrebourg par la rive droite du Rhin. Le XVᵉ Corps du général Deimling suivit la rive gauche, partie en chemin de fer et partie à marche forcée. Une tentative des Français de couper la ligne Colmar-Strasbourg, pour gêner le transport du XVᵉ Corps allemand, ne réussit pas.

Les arrière-gardes allemandes occupées à la poursuite du corps d'armée Bonneau, et qui devaient être relevées par la Landwehr, n'attendirent même pas l'arrivée de celle-ci. Elles reçurent l'ordre de se replier immédiatement et de rejoindre leurs corps par le plus court chemin. Le 110ᵉ Régiment de grenadiers badois, par exemple, après son exploit de Montreux-Jeune, dut partir de Dannemarie à l'aube du 14 août en laissant tous ses blessés dans les hôpitaux. Son historiographe se plaint de cette mesure hâtive qui compromettait, dit-il, le succès de la veille. Il prétend que les Français, avertis de cette évacuation inattendue, s'empressèrent de réoccuper Dannemarie et de faire prisonniers tous les Allemands blessés ou malades qui s'y trouvaient. Dirigés le lendemain déjà vers l'intérieur de la France, ceux-ci auraient souffert du manque de soins et subi force humiliations de la part d'habitants fanatiques (verhöhnt von fanatischen Einwohnern). Cette accusation étonnante, est-il besoin de le dire, mériterait d'être prouvée.

A Mulhouse, le commandant de la gare, craignant un retour inopiné des Français, avait fait passer le matériel roulant de l'autre côté du Rhin. Faute de wagons, le dernier régiment de la 7ᵉ armée allemande arrivant en gare dut gagner Mülheim à pied pour s'y embarquer dans la nuit du 15 au 16.

A partir de ce moment, il n'y eut plus aucun soldat allemand de l'active en Haute-Alsace.

En remplacement arrivèrent les troupes de Land-wehr et d'Ersatz badoises, bavaroises et wurtember-geoises, prévues par le Plan Schlieffen-Moltke pour la protection du Haut-Rhin. Connues sous le nom de « Deckungstruppen am Oberrhein », elles étaient commandées par le général Gaede, cdt. le 14e Corps d'Armée territoriale. Après avoir terminé leur mobi-lisation, elles gagnèrent, le 11 août, leurs secteurs de couverture le long du Rhin, comme suit :

a) De Huningue à Brisach : 3 brigades portant le nom de leur commandant, von Bodungen, Dame et Mathy.

b) Autour de Colmar et dans les Vosges : 2 bri-gades bavaroises, No 1 et 2.

Ces troupes avaient pour mission initiale de tenir les ponts du Rhin. Elles devaient pousser des détachements jusqu'à la frontière, avec ordre de se replier sur leurs gros en cas d'attaque par des forces supérieures. En réalité, des fractions de ces troupes s'avancèrent jusque dans les Vosges et à l'ouest de Mulhouse pour y remplacer les XIVe et XVe Corps rappelés vers le nord. Renseignées sans doute sur la nouvelle offensive française en prépa-ration, elles se replièrent, le 15, sur le Rhin, à l'excep-tion toutefois du détachement qui, à droite, tenait la vallée de Münster.

Devant l'armée du général Pau, le vide s'était

donc fait en Haute-Alsace, de Neu-Brisach jusqu'à
la frontière suisse. Seules des patrouilles de cavaliers
et de cyclistes battaient l'estrade sur tout le front,
en évitant de se laisser accrocher par les Français.

A pas raccourcis, direction Mulhouse

Et pourtant, méfiant, le général Pau ne se résout
pas à activer sa progression. Craint-il une réédition
du coup monté contre son prédécesseur ? Peut-être.
Quoi qu'il en soit, il ne veut agir qu'avec tous ses
atouts en main. Le 16, son armée a atteint la ligne
fixée par l'ordre du 15. La journée du 17 est consa-
crée à la concentration des divisions de réserve fraîchement débarquées et dirigées sur les emplacements
de 2e ligne que nous avons vus. Pendant ce temps, les
troupes avancées ont l'ordre de se maintenir « sur
leurs positions du 16 août, qu'elles continueront à
organiser solidement ». Toutefois, le commandant
de l'Armée d'Alsace signale au général en chef le
mouvement de retraite qui s'est opéré devant son
front. Le général Joffre craint, avec raison, que ce
repli des troupes allemandes vers le nord ne soit une
menace pour le flanc droit de la 1re Armée Dubail,
en pleine attaque sur Sarrebourg. Il téléphone au
général Pau, le 17 à 14 heures : « Faites sentir votre
action de manière à retenir devant vous le plus de
forces possible et à aider ainsi l'armée voisine dans
l'accomplissement de sa mission. Mettez-vous à ce
sujet en relation avec commandant 1re Armée, Ram-
bervillers ».

En exécution de ce message téléphonique, le commandant de l'Armée d'Alsace propose au général Dubail de mettre à sa disposition une partie de la 58e D. R. qui, dans les Vosges, vient de débarquer à Gerardmer. Le fait est mentionné dans le journal de campagne du général Dubail : « Le général Pau m'offre d'Alsace une brigade de réserve et 2 groupes qui se trouvent aux environs de la Schlucht. J'accepte avec plaisir. Cette brigade sera la 18 dans la région de St-Léonard et le lendemain à Saales où je la mettrai aux ordres du commandant du XIVe Corps d'armée... Je remercie le général Pau en lui disant que le meilleur secours qu'il puisse me donner *sera sa progression vers le nord.* Mais je comprends qu'il soit délicat pour lui de commencer son mouvement. Tout d'abord, il n'a pas encore la totalité de ses forces et, d'autre part, la présence du XIVe Corps et du corps de réserve dans son flanc droit à Chalampé et à Huningue (?) (bordant la forêt du Hardt) est une menace continuelle. Il ne peut pas permettre à l'ennemi de renouveler le coup fait au général B... » (Bonneau)

On voit combien les Français étaient mal renseignés sur les mouvements de leurs adversaires. Le 17 août, le XIVe Corps allemand et le corps de réserve (XIVe C. A. R.) n'étaient pas dans le flanc droit du général Pau, mais bien dans celui du général Dubail, au sud de Sarrebourg. Ce dernier allait à bref délai s'en apercevoir,... et comment !

Mais cette méconnaissance de la situation réelle explique aussi, jusqu'à un certain point, les craintes

du général Pau, sa progression extrêmement lente,
prudente, hésitante. Il mettra cinq jours pour par-
courir les 40 km. de Belfort à Mulhouse, que le général Bonneau dut franchir en quelques heures..., trop
longues encore au gré de certains impatients...

Comme la première fois, l'avance française est
accueillie avec enthousiasme par la population alsacienne, raconte M. Hanotaux. « On acclame les détachements de turcos et de spahis, les troupes noires,
on fleurit les canons des fusils ! »

La réalité est quelque peu différente, si nous en
croyons des témoins. Un document officiel d'abord.
Le 15 août, le commandant d'un groupe de bataillons de chasseurs télégraphie au général Pau à
Belfort : « Les 2 bataillons partis ce matin de Bussang sont entrés cette nuit à Bitschwiller et à Thann
évacués par les Allemands dans l'après-midi ; impossible avoir renseignements précis sur ces derniers...
Habitants terrorisés refusent de parler... »

Même note peu enthousiaste chez un fourrier dont
le régiment (116e Br.) descend une vallée des Vosges.
« 1er village. : Urbis. Les espions pullulent. Les officiers nous passent les consignes suivantes : Les cor-
vées vont aller à l'eau, accompagnées d'hommes le
fusil chargé. Aucune provocation ni parole grossière,
pas plus que des avances ou des confidences aux habitants. Il y en a de bons, mais il y en a aussi de mau-
vais... Notre premier contact avec les Alsaciens modi-
fia chez quelques-uns de nous l'opinion qu'ils s'étaient
faite. Le plus grand nombre nous reçut à bras ouverts ;
quelques autres, fonctionnaires ou immigrés, furent

plus que froids ». (Le carnet d'un petit fourrier : Revue hebd., 11. IX. 1915).

Enfin, un autre sous-officier du 7e Corps décrit l'avance de son unité dans les villages de la Trouée de Belfort et du Sundgau : « Derrière les rideaux, des femmes au visage grave nous regardent sans rien dire. On avait vu battre en retraite les premières troupes françaises. De là certaine désillusion et la crainte d'avoir à expier une fois de plus un trop chaleureux accueil. L'attitude variait, du reste, suivant les villages, et quelques vieux, çà et là, témoignaient hautement leur satisfaction, allant même jusqu'à arborer une médaille militaire... » (3 mois de campagne d'un prêtre-adjudant : Revue hebd. 9. 1. 1915).

L'Armée du général Pau et la Landwehr du général Gaede.

C'est dans ces conditions que l'Armée d'Alsace, en élargissant ses ailes, atteignit, le 18 août, le front Seppois, Dannemarie, Reinigen, Soultz, et, à l'extrême gauche, Münster dans la vallée de la Fecht.

« Pendant toute la journée d'hier, publie le bulletin français du 19 août, nous n'avons cessé de progresser en Haute-Alsace. La retraite de l'ennemi s'effectue de ce côté en désordre ; il abandonne partout des blessés et du matériel... Dans toutes les actions engagées au cours de ces dernières journées en Lorraine et en Alsace, les Allemands ont subi des pertes importantes ; notre artillerie a des effets démoralisants et foudroyants pour l'adversaire. D'une

Un manège international à Lucelle-Scholis.

Alarme : Un avion !

façon générale, nous avons obtenu, au cours des journées précédentes, des succès importants et qui font le plus grand honneur à la troupe dont l'ardeur est incomparable et aux chefs qui la conduisent au combat ».

Boum ! boum ! Le rédacteur du communiqué français rivalisait alors avec l'Agence Wolf !

« On voit quelle confiance reflètent ces lignes, remarque le général Palat, déjà cité, quelle satisfaction elles affirment ! Peut-être y avait-il une forte part d'illusion dans ces sentiments. Un fait certain, c'est que le ton de ce télégramme contraste de la façon la plus marquée avec celui du G. Q. G. appréciant ensuite les événements en Lorraine ».

Le 18 août, le général Pau constate qu'il a enfin en main tous les éléments combattants de son armée. Il décide d'effectuer, le 19, un nouveau bond en avant qui portera son centre à Mulhouse, et sa gauche à Colmar. Mais le service de renseignements de Belfort, tout en confirmant la persistance de la retraite allemande, signale toujours des rassemblements de troupes dans la région d'Istein et des transports d'Hüningue vers le nord. En conséquence, le commandant de l'Armée d'Alsace étaye et échelonne de plus en plus sa droite. Celle-ci formera un crochet défensif prêt à faire front au sud.

Il importe de relever une fois de plus cette croyance tenace des Français à une attaque allemande en Alsace, débouchant sur leur flanc droit. Pendant tout le mois d'août, cette menace imaginaire a hanté le cerveau des chefs intéressés. C'est évidemment un effet de la propagande allemande qui cherchait à retenir l'attention des Français vers le sud, tandis que la véritable offensive se machinait vers le nord. Pour cela, on montrait le plus de troupes possible le long de la frontière suisse en les faisant passer ostensiblement par Hüningue. Un bruit persistant accrédita même la légende de la présence sur le Haut-Rhin de plus d'un corps d'armée autrichien. Il faut reconnaître que cette propagande astucieuse n'a pas mal réussi !

L'ordre d'opérations du général Pau

Dans la soirée du 18, le général Pau donne son « *Ordre général d'opérations* N° 5 pour la journée du 19 août. » Cet ordre provoquera le choc du centre et de l'aile droite de son armée contre les troupes de Landwehr et d'Ersatz que nous avons vues entre Mulhouse et Hüningue. C'est la seule bataille importante de la 2e campagne de Mulhouse. Il vaut donc la peine de nous y arrêter quelque peu. Voici d'abord l'ordre d'opérations N° 5 au complet, à l'usage des amateurs désireux de reconstituer la bataille dans tous ses détails.

Armée d'Alsace
E. M.

Au Q. G. à Belfort, *18 août 1914*
à 17 heures.

ORDRE GÉNÉRAL D'OPÉRATIONS N° 5 POUR LA JOURNÉE DU 19 AOUT

Carte au 1 /80.000.

PREMIÈRE PARTIE.

I. Ci-joint le bulletin de renseignements n° 7 /2.

II. *La 1e Armée* tenait hier soir, 17 août, le front général,

Héming, Lorquin, Abreschwiller, le Donon, Saint-Blaise. Elle doit atteindre aujourd'hui le front Kerprich-aux-Bois, Trois-Fontaines, Walscheid, le gros de son corps de droite (14 ᵉ C. A) vers Rothau.

III. Demain, 19 août, *l'armée d'Alsace* continuera sa progression sur Colmar (groupe du général Bataille) et sur Mulhouse, (gros de l'armée).

A.

Détachement aux ordres du général Bataille opérant dans la vallée de la Fecht (152ᵉ Rgt. d'infanterie, 5ᵉ bataillon de chasseurs, deux groupes alpins, un groupe d'artillerie divisionnaire, éléments de la 58ᵉ D. R.)

Mission : s'efforcera d'atteindre Colmar pour tenir la ligne Jugersheim, lisière nord de Colmar, la Thill, se reliant vers Herrlisheim avec les groupes alpins du 7ᵉ corps.

B.
Gros de l'armée.

a) *7ᵒ corps*, disposant des 3 groupes alpins et de la 116ᵉ brigade de réserve à Thann (Brigade Joubert).

Mission : 1) Atteindre la route de Guebwiller, Bolwiller, Mulhouse, entre Soultz inclus et Mulhouse, en occupant jusqu'au canal inclus la voie ferrée longeant la lisière nord de cette ville ;

2) Assurera la liaison à gauche avec le détachement du général Bataille au moyen des groupes alpins qui s'efforceront de coopérer à l'attaque sur Colmar.

3) Fera occuper plus particulièrement la ligne Soultz, Schoenen, Steinbach par la 116ᵉ brigade qui tiendra en outre solidement le défilé de Cernay, entre Cernay et les bois de Nonnenbruck.

Zone de marche du 7ᵉ corps au nord de la ligne incluse Bernwiller, Hochstatt, sortie nord de Didenheim, l'Ill, le canal.

B) *66ᵉ D. R.*

Mission : Atteindra le front Ridisheim (liaison avec le 7ᵉ corps) corne S. O. du Zurenwald, Bruebach, face à Schlierbach (liaison à droite avec la 44ᵉ division à la droite N. E. du bois d'Altenberg.) Zone de marche : limitée au nord par la ligne générale exclue Bernwiller, Hochstatt, sortie nord de Didenheim, le canal et au sud par la ligne excluc route de

Dannemarie, Hagenbach, Illfurt, Zillisheim, et le chemin de Flaxlanden, Niedersteinbrunn.

C) *44e division* :

Mission : se formera en rassemblement articulé dans la région Illfurt, Flaxlanden, sur la rive droite de l'Ill surveillant la lisière est du bois d'Altenberg et couverte à droite par son régiment de cavalerie dans la région de Walbach, avec reconnaissance dans les directions de Sierenz, Bartenheim, Blotzheim (liaison avec la 66e division à la corne N. E. du bois d'Altenberg.)

D) 63e *D. R.*

Mission : formera la réserve d'armée ; à cet effet, se portera en 2 colonnes, l'artillerie en tête, 1° sur Burnhaupt-le-Haut, par Soppe-le-Bas ; 2° sur Bernwiller, par Traubach-le-Haut et Falkwiller, où elle s'établira en formation articulée, en mesure de pouvoir se porter dans l'une des 3 directions suivantes : Altkirch, Mulhouse, Cernay.

E) 8e *division de cavalerie.*

La 8e division de cavalerie qui a été envoyée le 18 au nord de l'Ill dans la région de Spechbach, se portera sur l'Ill entre Ensisheim et Wittenheim à la gauche du 7e corps et éclairant dans les directions de la Harth et de Neu-Brisach.

Elle devra franchir avant 6 (six) heures la Doller vers Remingen et au pont de Lutterbach, sauf le cas où Mulhouse serait occupé par l'ennemi ; elle ferait alors son mouvement plus à l'ouest.

Exécution des mouvements.

Le 7e corps franchira ses avant-postes à sept heures. La 115e brigade, (général Joubert) quittera Thann à 4 heures (quatre).

Les groupes alpins quitteront Cernay à quatre heures. La 66e D. R. franchira ses avant-postes à cinq heures. La 44e D. franchira ses avant-postes à cinq heures. Les têtes de colonnes de la 63e D. atteindront la route Cernay-Dannemarie à dix heures.

Dès que les positions seront atteintes, elles seront solidement mises en état de défense dans les mêmes conditions que les jours précédents ; les troupes traverseront Mulhouse pour se porter, soit sur les emplacements de combat, soit sur les points de rassemblements des réserves, de manière à être toujours prêtes à combattre.

L'ordre de stationnement que donnera le Cdt. de l'armée fixera des cantonnements d'alerte qui différeront pour certaines unités des zones atteintes dans la journée.

IV. *Aviation*. Reconnaissances dans les directions de Neu-Brisach, Fribourg, Colmar, Istein.

Emplacement des escadrilles et du parc d'aviation : Belfort.

V. *Les parcs* et *convois* ne devront pas dépasser la route Cernay, Aspach-le-Bas, Balschwiller, Dannemarie, qui devra être laissée libre à la circulation.

Le général commandant le 7e corps et les généraux de division règleront les mouvements des T. R. qui devront toujours être rassemblés en dehors des routes ; ils donneront les ordres les plus rigoureux pour que l'ordre le plus absolu règne en toutes circonstances dans les équipages et les colonnes de voitures.

VI. Communications télégraphiques.

VII. Poste de commandement du commandant de l'armée : Belfort.

Le général commandant l'Armée d'Alsace.

PAU.

p. a.

Le chef d'État-Major.

BUAT.

On peut résumer cet ordre comme suit :

1. *L'Armée d'Alsace* continuera sa progression sur Colmar (groupe du général Bataille) et sur Mulhouse (gros de l'armée).

2. *A gauche* : La 81e Brigade renforcée (général Bataille) débouchant de la vallée de Münster s'efforcera d'atteindre Colmar.

3. *Au centre* : Le 7e Corps renf., en liaison au N., par groupes alpins, avec la 81e Brigade, tiendra avec la 116e Brigade le débouché entre Cernay et la forêt de Nonenbruck. La 41e Division atteindra le secteur

Soultz-Illzach ; la 14e Division le secteur Mulhouse-Riedisheim, front forêt de la Hardt.

4. *A droite* : la 61e Division de réserve occupera le secteur Riedisheim-Brouebach ; la 44e Division, le secteur Flaxlanden-Illfurt, front S. E. Point de soudure de ces 2 divisions : Angle N. E. bois d'Altenberg.

5. *En* 2e *ligne*, réserve d'armée, la 63e D. R. sur la droite, autour de Bernwiller et 57e Division en réorganisation, région Valdieu-Dannemarie.

6. *La* 8e *Division* de cavalerie se portera à l'aube, de la droite à la gauche pour explorer au N. de Mulhouse en direction de Neu-Brisach. Elle sera remplacée par le régiment de Chasseurs d'Afrique de la 44e Division chargée de couvrir l'extrême droite.

7. *Aviation* : Reconnaissances dans les directions de Neu-Brisach, Fribourg, Colmar, Istein.

Dès que les objectifs seront atteints, les positions devront être mises en état de défense.

Le dispositif d'attaque du général Gaede

Examinons sommairement les dispositions prises par le général Gaede pour la journée du 19 août.

Nous avons vu le dispositif de stationnement des brigades de Landwehr allemandes de couverture. Les gros tenaient les ponts du Rhin. Seules des patrouilles très mobiles cherchaient à se rendre compte du mouvement des Français.

Le 19, les 6e et 7e Armées allemandes, arrêtant leur retraite simulée, allaient commencer une violente contre-attaque à Sarrebourg et Morhange contre les 2 armées Dubail et Castelnau attirées dans la souricière de la Trouée des Vosges. Pour frapper le grand coup en toute sûreté, il fallait fixer l'ennemi en Haute-Alsace, l'acculer à la défensive afin de l'empêcher d'intervenir en Lorraine. La Landwehr reçut donc l'ordre de se dévouer à cette tâche.

Le général Gaede décida de se porter à la rencontre des Français convergeant vers Mulhouse avec toutes les troupes disponibles entre cette ville et la frontière suisse. Il en forma 3 colonnes composées de régiments de Landwehr, renforcés de tous les éléments d'Ersatz racolés dans les dépôts ou prélevés sur les garnisons du Haut-Rhin. Le récit officiel allemand attribue à ces détachements réunis 17 bataillons, 3 1/2 escadrons et 10 batteries. Ces 3 brigades mixtes étaient commandées par les généraux Mathy, Dame et von Bodungen. Elles franchirent le Rhin dans l'après-midi du 18 à Neuenbourg-Chalampé, Istein et Hüningue, et se préparèrent à marcher le lendemain sur leurs objectifs. La colonne Mathy, à droite, devait s'avancer par Mulhouse-Dornach ; celle du centre, général Dame, sur Flaxlanden ; celle de gauche, général von Bodungen, sur Tagsdorf-Altkirch.

Landwehr allemande et Landwehr suisse

Avant de les voir à l'œuvre, essayons de nous rendre compte de la valeur des Landwehriens allemands, quelques jours après leur entrée au service. Peut-être y trouverons-nous d'intéressants points de com-

paraison avec nos miliciens suisses, Elite ou Landwehr, mobilisés dans des conditions analogues.

On se rappelle que nombre d'officiers français
reprochaient à leurs réservistes de manquer de cohésion, d'être inaptes à l'offensive avant d'avoir subi
une sérieuse reprise en main. Il est certain que les
mêmes reproches peuvent être faits aux Landwehriens de toutes les armées. Quelle que soit la bonne
volonté de ces soldats « réimprovisés », leur manque
d'entraînement et leur ignorance des derniers procédés de combat constituent, au début d'une guerre,
de dangereuses lacunes. Ecoutons ce qu'en dit un
officier bavarois, commandant une unité de Landwehr combattant alors au pied des Vosges. Après
avoir constaté que ses hommes supportent mal la
fatigue des longues marches, qu'ils sont très impres-
sionnables, sujets à des paniques dégénérant en tirail-
leries désordonnées, il continue : « Une remarque
s'impose, valable tout au moins pour les premiers
combats. La plupart des hommes n'avaient plus fait
de service depuis longtemps. Le « vide du champ de
bataille », mot qui résume l'application des nouvelles
prescriptions réglementaires, était pour eux chose presque inconnue. Ils ne se sentaient à l'aise et en sûreté
que dans les formations « coude-à-coude » et s'avan-
çaient ainsi en essaims compacts très vulnérables.
Heureusement, le Français tirait pitoyablement, sans
cela c'eût été pour la Mort une véritable moisson. »
(Gut, dass der Franzose so erbärmlich schoss, sonst
wäre es ein Erntefest des Todes geworden). (Das K. D.
Landwehr : Inf. Regt. N° 3).

Voilà quelque chose à retenir chez nous. Pendant 10 ans, on a supprimé illégalement les cours de répétition de la Landwehr. On s'est imaginé que, grâce aux longues périodes de service qu'ils ont accomplies de 1914 à 1918, nos hommes resteraient toute leur vie les excellents soldats qu'ils étaient devenus. Quelle illusion ! On a oublié que tout se perd ici-bas, et que les méthodes de combats expérimentées pendant la guerre des tranchées sont aujourd'hui totalement démodées. En fait de tactique moderne, nos Landwehriens en sauraient moins encore, au début d'une guerre, que n'en savaient les réservistes français ou les Landwehriens allemands qui nous occupent. Et c'est pourquoi je crains qu'en incorporant nos régiments de Landwehr dans nos divisions d'Elite, sans leur assurer une instruction et un entraînement identiques, on n'alourdisse celles-ci d'éléments exposés à ne servir, hélas ! que de « chair à canon ».

Caveant consules !

Les Combats de rencontre du 19 août

Mais revenons en Alsace. Le 19, de bon matin, les troupes des 2 partis se mettent en marche conformément aux dispositifs et aux ordres que nous avons vus. Il en résultera bientôt une rencontre sanglante sur la ligne Mulhouse-Altkirch, et de durs combats compartimentés qui dureront jusqu'au soir. Examinons-les.

La 8e Division de cavalerie française en se portant, à l'aube du 19, de la droite à la gauche pour explorer en direction de Neu-Brisach, n'aperçut pas les têtes

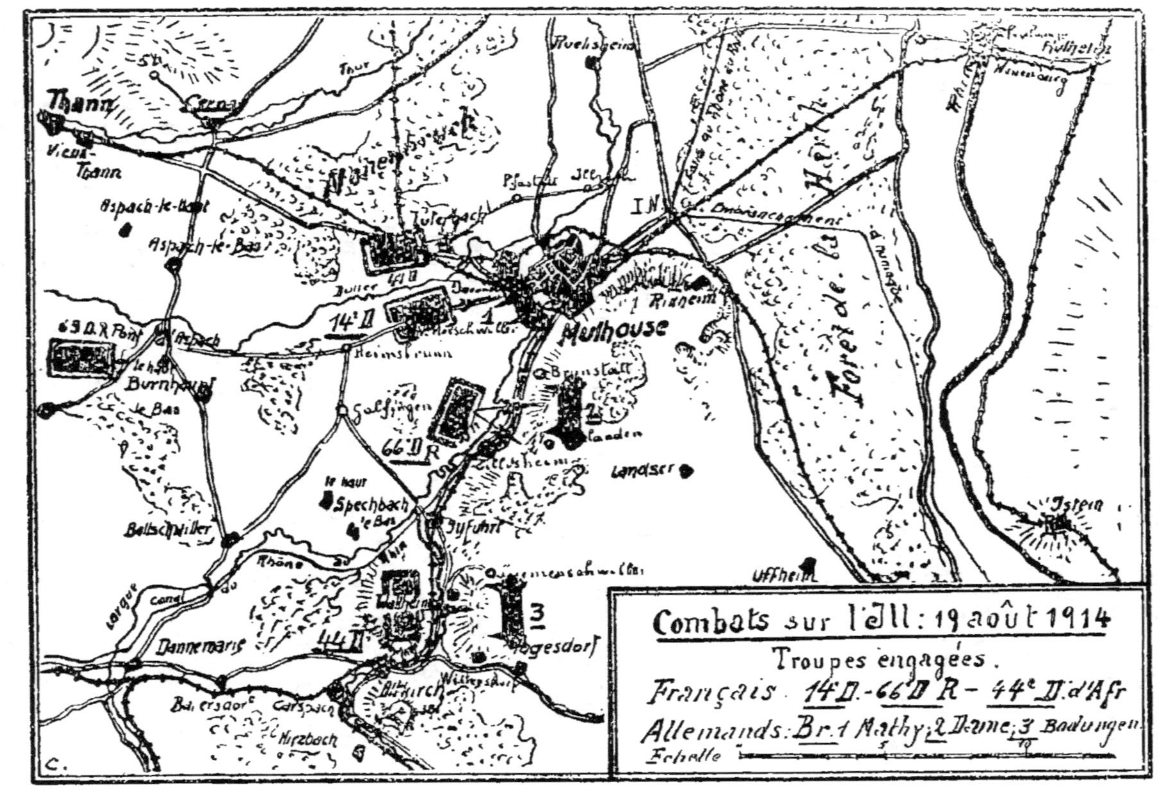

Thann
Cernay
Vieux-Thann
Aspach-le-Haut
Aspach-le-Bas
Hohenbourg
Pfastus Itz
Bitschwiller
Tulenbach
14 D
14ᵉ D
63 D R Pont d'Aspach
le haut
Burnhaupt
le Bas
Heimsbrunn
66 D R
Sulzeren
Mulhouse
1 Rixheim
IN
Brunstatt
Landser
le haut Spechbach
le Bas
Zufuhrt
Ballschwiller
Rhône
Dannemarie
largue canal du
44 D
Altkirch
Hagesdorf
Willerschwiller
Ballersdorf Carspach
Hirzbach
Uffheim
Forêt de la Harth
Istein
Neuenbourg
Combats sur l'Ill: 19 août 1914
Troupes engagées.
Français 14 D - 66 D R - 44ᵉ D d'Afr
Allemands: Br. 1 Mathy; 2 Daune; 3 Badungen
Echelle

de colonnes allemandes débouchant de la forêt de la Hardt.

Comme les jours précédents, elle ne rencontra que quelques patrouilles cyclistes qui détalèrent à la vue des cavaliers.

A l'extrême gauche française, dans la vallée de Münster, le détachement combiné du général Bataille refoula jusqu'à la hauteur des 3 Epis la 1re Brigade de Landwehr bavaroise qui lui faisait face, mais ne put déboucher sur Colmar, contrairement aux prévisions. En revanche, à sa droite, dans la plaine, le groupe de chasseurs, la 116e Brigade et la 41e Division atteignirent sans aucune difficulté le front Wittenheim-Illzach qui leur était assigné.

Il n'en fut pas de même pour l'aile sud de l'armée qui comprenait, en première ligne, la 14e Division, la 66e Division de réserve et la 44e Division marchant sur Mulhouse et les hauteurs à l'est de l'Ill, entre cette dernière ville et Altkirch. Il semble bien que, dans ce secteur, l'exploration ait laissé quelque peu à désirer. Ces derniers jours, l'ennemi restait presque invisible, et les reconnaissances signalaient qu'il avait évacué le territoire compris entre Altkirch, le Rhin et la frontière suisse. Toute attaque par surprise paraissait exclue. A quoi bon dès lors multiplier les précautions ?...

Les Allemands furent-ils plus vigilants ? C'est possible. Renseignées sur l'avance des Français, leurs colonnes s'arrêtèrent à temps et s'installèrent hâtivement, l'une à la lisière nord-ouest de Mulhouse, les 2 autres sur les hauteurs qui dominent le cours de l'Ill, de Brünstalt à Wittersdorf (est d'Altkirch).

Les combats allaient s'engager dans des conditions inverses de celles qui se présentèrent lors de la première bataille de Mulhouse. Si les Allemands possédaient cette fois l'avantage de certaines positions dominantes choisies, ils avaient, par contre, l'infériorité du nombre : 3 brigades de Landwehr contre 3 divisions françaises, dont 2 de l'active.

1. Combat de Dornach-Mulhouse. Dans la matinée du 19, la 14e Division française en marche de Galfingen sur Mulhouse s'attendait à entrer dans la ville sans coup férir. Brusquement, son avant-garde se heurta vers Dornach aux Landwehriens de la colonne Mathy qui opposèrent une vigoureuse et tenace résistance. La 14e Division française était composée de soldats déjà aguerris (27e et 28e Brigades) que nous avons vus à l'œuvre, 10 jours auparavant, autour de Mulhouse. Parmi eux se trouvait de nouveau une vieille connaissance : le lieutenant P. P. du 42e Régiment. Je ne saurais mieux reconstituer la bataille qu'en lui laissant une dernière fois la parole :

« Nous allions servir aux Allemands une réédition de la première bataille de Mulhouse, les rôles intervertis en notre faveur ; à notre tour d'être 2 contre 1, à notre tour de gravir toutes les hauteurs et de tenter l'encerclement de l'ennemi.

«Notre escadron divisionnaire, pointe d'avant-garde, se heurta aux éclaireurs ennemis au moment où ils allaient franchir la voie ferrée. Vivement ramené en arrière, il était aussitôt remplacé par la compagnie de tête qui prit le pas de gymnastique dès Zimmermann (groupe de maisons à 1 1 /2 km. de Dornach) et réussit à refouler les premières sections allemandes et à conquérir rapidement la partie de la lisière ouest de Dornach, à cheval sur la route. Les Allemands, qui faisaient également la course au point d'appui, s'étalaient aussitôt sur toute la lisière du village, sauf en ce point. Les 3 autres compagnies, ou ce qui restait du bataillon, les attaquaient aussitôt, une à droite, sud de la route, les 2 autres à gauche, nord, vers la fabrique. Une batterie allemande — on voit combien ils mettent souvent leur artillerie en avant — réussissait une mise en batterie de fortune en travers du chemin de terre au nord de la route.

» Telle était la situation au moment où mon bataillon, le 2e, sortait de Niedermorschwiller. Le groupe d'artillerie qui marchait avec nous avait cependant doublé au galop notre colonne, et, faute de place dans ces vergers, s'était mis en batterie des 2 côtés de la route. A 9,15 heures, il ouvrait le feu sur toute la lisière et contre-battait la batterie allemande dès que celle-ci se révéla.

» Nous dépassâmes Zimmermann. A ce moment, nous fûmes directement pris à partie par la batterie allemande. Aussi 3 de nos compagnies furent-elles aussitôt aiguillées droit sur celle-ci. L'attaque réussit, au prix de pertes sanglantes, à déborder et à capturer toute la batterie allemande.

» Nous tenions les Allemands à la gorge. Ceux-ci durent se résoudre à défendre la localité pied à pied, maison par maison. Le combat changea aussitôt d'allure et devint une effroyable guerre de rues !...

» Pour prolonger la résistance, les Allemands jetèrent 40 hommes dans chaque villa, dans chaque maison, avec ordre d'y résister jusqu'au bout...

» Quand je franchis la lisière de Dornach, je trouvai une longue clôture métallique électrisée : « Touchez pas, mon lieutenant ! Y a du courant ! » Je fus tellement stupéfait et trouvai le fait tellement drôle qu'au risque d'être électrocuté, je touchai quand même. La clôture était brisée, le courant très faible, mais il y avait du courant.

» Nous tombâmes soudainement sur le flanc d'une demi-section qui tiraillait derrière une haie. Je fis prisonnier de ma main un Ober-lieutenant à lunettes, et m'adjugeai son sabre, ayant perdu le mien. Notre intervention avait été le signal d'une fusillade désordonnée, dont pas un ne réchappa, et que je mis plus de 10 minutes à faire cesser, malgré son inutilité évidente : réaction nerveuse de la peur que j'ai souvent vue se manifester.

» A partir de cette rapide action qui nous assurait une longue bande de terrain, j'organisai le combat méthodiquement dans mon petit coin de Dornach.

» Comble de bonheur, se joignit à nous une section de mitrailleuses et un canon... parfaitement, un canon de 75 tiré à bras par ses servants, commandés par le capitaine de la batterie en personne, suivi à 200 mètres par un caisson à bandes jaunes chargé d'obus à mélinite, et tiré à bras, lui aussi, comme la pièce.

» Et de 8 heures du matin à midi, le combat pour nous fut ceci : Nous avancions. Pan ! des coups de fusils d'une maison ; aussitôt on prévient le camarade « fiflo ». Boum ! badaboum ! deux obus à la mélinite crèvent la villa. On saute dedans à la baïonnette et on fait prisonnier les Allemands terrifiés. Une section derrière nous raflait les prisonniers. Nous en fîmes 400...

« C'est à midi précis que je fus blessé et m'écroulai au pied d'une villa, pleine encore d'ennemis. Comme je savais ce qui allait se passer, je ne me souciai pas d'être achevé par notre canon, dans l'effondrement de la bâtissse. — Je réussis à me dégager de cet endroit périlleux en rampant. Arrivé sur le chemin, on m'enleva, assis sur 2 fusils et on m'abandonna derrière la pièce de 75 qui tira aussitôt, et je pensai m'évanouir tellement je fus assourdi... »

On voit par ce tableau réaliste et terrifiant ce que fut le combat de Dornach ! A 14 heures, le faubourg était pris. Les Allemands s'enfuirent en abandonnant 6 canons, des caissons, des chevaux, du matériel de toute sorte. Des centaines de morts et de blessés restaient sur le carreau... Spectacle lamentable : ce n'était que ruine et sang !

Tandis que la 28e Brigade se réorganisait à Dornach et s'y fortifiait contre un retour éventuel de l'ennemi, la 27e Brigade traversait la ville en plusieurs colonnes sans rencontrer de résistance. Le soir, ses avant-postes bordaient Mulhouse au sud et à l'est, face à la forêt de la Hardt. Les Allemands s'étaient retirés derrière leur tête de pont de Chalampé-Neuenbourg.

Dans le compte-rendu détaillé du combat de Dornach, le commandant du 7e C. A., général Vautier, successeur du général Bonneau, s'est plaint de l'insuffisance des liaisons entre les 14e et 41e Divisions, du manque de coordination des efforts. Tandis que cette dernière, renforcée de toute l'artillerie de corps, marchait sur son objectif Illzach, par Lutterbach, Pfastatt, sans rencontrer aucune résistance, sa voisine, la 14e Division, supporta seule tout le poids du combat.

« La 41e Division voit la 14e très sérieusement engagée devant Dornach, dit-il, et ne prend pas l'initiative de lui porter son concours dans la limite que lui permet sa mission. Lorsque sur ordre du Cdt. du C. A. ce concours se produira, ce sera fait de façon tardive et en proportion insuffisante ».

En effet, si la 41e Division, qui atteignait Illzach bien avant midi, avait tourné Mulhouse par l'est en opérant un simple « à droite », toute la brigade Mathy eût été capturée. « Quoi qu'il en soit, conclut le général Vautier, il faut reconnaître que ce combat a été très vigoureusement mené par le général cdt. la 14e Division, et est tout à l'honneur de la 28e Br. et en particulier du 42e R. d'infanterie qui a été plus spécialement engagé ».

2. Combat de Brünstatt-Flaxlanden. Pendant que ces opérations se déroulaient autour de Mulhouse, la 66e Division de réserve menait à son tour un dur combat sur l'Ill contre la brigade de Landwehr et d'Ersatz du général Dame, à 3 km. en amont de Mulhouse. La 66e D. R. avait pour mission d'attein-

Le Largin — Poste N⁰ 1.

Le Largin Poste — N⁰ 4.

dre et d'occuper la forêt du Zurenwald pour couvrir Mulhouse au sud, entre Riedisheim et Bruebach.

Partie de Baldschwiller de bon matin, elle marchait sur son objectif par Zillisheim en une seule colonne qui suivait la route longeant au N. le canal du Rhône au Rhin. A 7 heures, son avant-garde voulant passer, à Zillisheim, sur la rive droite de l'Ill, trouve le pont barricadé et se replie sous le feu. Sa cavalerie, qui a poussé jusqu'à Brünstatt, se heurte également à un barrage infranchissable.

Les Allemands ont occupé les lisières ouest du Zurenwald et les hauteurs qui dominent l'Ill entre Brünstatt et Flaxlanden. Ils tiennent solidement les ponts qui conduisent à ces 2 localités. Bien placés, les Landwehriens du général Dame vont donner du fil à retordre aux réservistes du général Woirhaye.

Ce dernier déploie méthodiquement sa division en engageant au fur et à mesure de leur arrivée les unités qui la composent. Ces unités, renforcées à droite du 297e Régiment et d'un groupe d'artillerie de la 44 Division, attaquent les positions frontalement et par le flanc sud. Le combat dura toute la journée avec des alternatives de succès et de revers de part et d'autre. Des régiments français, fortement entamés, se retirèrent en désordre jusqu'à Galfingen et Heidwiller. Mais, vers le soir, les Français réussirent à prendre le dessus grâce à leur supériorité numérique et à l'excellence de leur artillerie (1). Celle-ci hacha

1) L'artillerie de la 66e D. R. fut puissamment secondée par 2 groupes du 5e R. d'art. de corps (colonel Nivelle) qui avaient pris position à l'ouest de Dornach.

littéralement d'obus explosifs l'artillerie adverse qui
dut abandonner ses 18 canons hors de combat. L'infanterie allemande, très éprouvée, se retira en direction d'Istein sans être poursuivie. Mais la 66e Division de réserve française avait beaucoup souffert, elle
aussi. Elle dut être relevée en première ligne par
la 63e D. R. qui la suivait.

« Si un certain émoi ayant provoqué, dans certaines
unités des 2 régiments de l'attaque de droite, un
recul désordonné, écrit dans son compte rendu le
commandant de la 66e D. R., général Woirhaye, il
faut en attribuer la principale cause à la retraite rapide
du 97e R. de la 44e Division, qui a impressionné, en
découvrant leur flanc, des réservistes nouvellement
incorporés et n'ayant pas encore assez de consistance.
Les résultats obtenus auraient été beaucoup plus
complets si la 66e Division avait été soutenue sur son
flanc droit, comme il y avait tout lieu de l'espérer
d'après les indications de l'ordre d'opérations de
l'armée ».

3. Combat de Walheim-Wittersdorf. (E. Altkirch). Mais la 44e Division, sur le « flanc droit »
précité, avait eu assez à faire pour elle. Cette division
d'active, improvisée avec des éléments disparates
venus d'Afrique, stationnait dans la nuit du 18 au 19 à
proximité de la frontière suisse. Ses avant-postes
bordaient la Largue jusqu'à Dannemarie. L'ordre
d'opérations pour la journée du 19 août prescrivait
à la 44e Division de couvrir la droite du dispositif
général en se portant sur le plateau au sud-est de

Flaxlanden, où elle se souderait à la 66e D. R. à la corne nord de la forêt d'Altenberg. De l'ennemi, elle savait qu'il avait à peu près évacué le territoire devant son front, d'Altkirch à la frontière suisse et au Rhin. On ne le rencontrerait donc pas de sitôt !...

A 5 heures du matin, la 44e Division fractionnée en 2 colonnes se mettait en marche, précédée du 4e Régiment de chasseurs à cheval d'Afrique. Ce détachement de cavalerie divisionnaire était chargé plus spécialement de couvrir la droite et d'éclairer en direction d'Huningue et Istein.

La colonne principale, à gauche, partant de Dannemarie, longeait la rive sud du canal. Celle de droite, flanc-garde formée d'un peloton de cavalerie, de 4 bataillons d'infanterie et d'un groupe d'artillerie, passait par Altkirch, Wittersdorf, Luenschwiller, pour atteindre le bois d'Altenberg.

Cette mission de la 44e Division constitue un des thèmes favoris de nos manœuvres suisses. Son étude détaillée comporterait d'intéressantes déductions.

Arrivé à Altkirch vers 7 heures, le général Soyer, commandant la division, qui marchait avec la colonne de droite, n'avait aucune nouvelle de sa cavalerie. En s'engageant dans l'espèce de défilé de Walheim, au nord-est d'Altkirch, il ordonna de diriger une compagnie sur les hauteurs de droite pour couvrir la colonne. On sait combien difficile est la tâche de ces flancs-gardes d'infanterie qui, presque toujours, sont détachées trop tard.

En effet, après avoir dépassé Walheim, la pointe de la colonne reçut des coups de feu partant des lisières du village de Luenschwiller. On crut n'avoir affaire qu'à une patrouille de cyclistes, et l'avant-garde prit ses mesures pour les déloger. « A ce moment, rapporte le compte rendu officiel, arrivait au galop un lieutenant de cavalerie qui rendit compte que le 4e Régiment de chasseurs d'Afrique, en marche de Tagsdorf sur Walbach, s'était heurté à la sortie est de Heywiller à des troupes ennemies de toutes armes, avait subi de fortes pertes et avait dû se retirer vers le sud-est ».

La situation était très critique. Toute la colonne engagée dans le couloir risquait d'être fusillée à bout portant sur son flanc droit et sur ses derrières si la compagnie de flanc-garde était culbutée.

En un clin d'œil, l'artillerie fait demi-tour par voiture, sur place, repart au grand trot sur Altkirch et va prendre position, au sud, sur la colline du signal d'Altkirch. Le 159e Régiment d'infanterie se déploie vivement face à l'est, gravit la colline boisée appelée Auf dem Berg, et se heurte aux lignes de tirailleurs de la brigade mixte von Bodungen qui attaquait sur tout le front Luenschwiller-Tagsdorf. Un combat acharné s'engage. Insuffisamment soutenu par l'artillerie qui, « ayant le soleil en face voyait mal le champ de bataille », le 159e français recule sur Walheim-Wittersdorf, en subissant de grandes pertes. Le commandant de la colonne, le général brigadier Plessier, est grièvement blessé, en pleine forêt, et son chef d'Etat-major tué, sans que personne s'en aperçoive. Il en résulte une désorganisation momentanée du commandement à l'aile droite de la division.

Pendant ce temps, un officier d'Etat-major en automobile avait rejoint la colonne principale dont la pointe déjà atteignait Illfurt. Il lui communiquai l'ordre du commandant de division d'arrêter son mouvement vers le nord, de se porter avec son gros entre Aspach et Walheim au secours de la colonne de droite, tandis que le régiment d'avant-garde, le 97e, couvrirait le flanc gauche. Mais ce dernier régiment, ainsi que son groupe d'artillerie d'accompagnement, était déjà engagé vers Flaxlanden aux côtés de la 66e Division qui lui avait demandé sa collaboration. Nous avons vu que son attaque ne réussit guère. Il dut se retirer sur Illfurt-Heidwiller, ayant perdu un grand nombre d'hommes et d'officiers.

Ici encore, son artillerie le servit mal. Le compte rendu du combat donne de curieux détails sur l'abandon d'une batterie au sud de Zillisheim. « Elle commençait à battre l'ennemi débouchant des bois d'Altenberg, lorsqu'elle se vit ou se crut prise d'enfilade par une batterie ennemie (ou peut-être une batterie de la 66e Division amie au N. de Zillisheim) ? Le personnel, pour s'abriter de ce feu d'enfilade, quitta ses pièces et, se voyant menacé par l'infanterie ennemie, se retira en désordre. Le capitaine revenant de son poste d'observation trouva le matériel abandonné. Il ne trouva qu'un avant-train à proximité, le ramena lui-même à la batterie et enleva une pièce. Il fut alors blessé. Les 3 autres pièces furent laissées sur place. Elles y furent retrouvées le lendemain... En réalité, la batterie n'avait perdu ni un homme ni un cheval...

« Le général de division a prescrit au général Picat, commandant l'artillerie, de procéder à une enquête sur ces faits », mentionne le rapport de combat.

Revenons à Walheim, où les renforts du 157e et du 163e Régiment débouchèrent après 2 heures de marche, pendant lesquelles le 159e acculé à l'Ill, fut dans une position extrêmement critique. Bientôt le combat changea de face. Les Landwehriens allemands, repoussés d'abord sur la lisière ouest du bois Auf dem Berg, se retirèrent sur Luenschwiller et Tagsdorf, violemment bombardés. A la tombée de la nuit, toute la colonne von Bodungen, craignant de voir sa retraite coupée, se replia derrière le Rhin. sous la protection des gros canons d'Istein.

Les Français ne poursuivirent pas. Ils couchèrent sur les positions reconquises. Très éprouvée, la 44e Division dut se réorganiser avant de participer à de nouvelles opérations. « Les troupes d'infanterie ont montré dans ce combat un très grand mordant » conclut leur commandant de division, le général Soyer, dans son compte rendu de l'affaire.

Personne ne le contestera. Les troupes d'Afrique ont toujours joui d'une réputation de bravoure nullement surfaite. Mais il semble que la tactique de feu des Allemands ait déconcerté ces soldats très audacieux, habitués à d'autres adversaires. Et, au début du combat, ils écopèrent durement. Ainsi leur 4e Régiment de chasseurs à cheval fut littéralement massacré en chargeant, avec une furia bien française, les avant-gardes allemandes embusquées dans les parages de Walbach-Heiwiller.

Un correspondant des « Basler Nachrichten » eut, le jour suivant, l'occasion de questionner des prisonniers de ce régiment emmenés à Lörrach. « Ils paraissaient très bien équipés, dit-il, avec coquetterie même, et en bon état de santé. Ils attribuaient leur sanglant échec à l'excellente infanterie allemande et à la longue portée de ses fusils et de ses mitrailleuses ».

· Mais les Allemands subirent aussi de lourdes pertes. Le même correspondant questionna également des Landwehriens du 109e R. qui avaient participé à l'affaire de Walheim. Ils déclarèrent que le combat fut d'une grande violence et qu'un grand nombre de blessés et de tués jonchaient le champ de bataille. Par exemple, une compagnie de leur bataillon avait eu tous ses officiers tués, sans exception.

Le récit officiel allemand constate que le détachement d'armée du général Gaede perdit 2.300 hommes et 24 canons dans cette journée du 19 août.

Contrairement à M. Hanotaux, qui prétend que les régiments de Landwehr formant le gros de la défense « se comportèrent assez médiocrement, leurs officiers durent faire les plus grands efforts pour les maintenir ou les ramener au feu », (1) il faut reconnaître que les soldats allemands luttèrent vaillamment. A chacun son dû. Les Français n'ont rien à perdre en avouant qu'ils eurent, ce jour-là, des adversaires dignes d'eux.

« Les Badois et les Wurtembergeois se battirent comme des lions, dit très justement leur historien.

(1) Tome 4.

Ce fut un jour de gloire pour la Landwehr allemande ».
(Ruhmestag).

Dans Mulhouse reconquise. Un Suisse fusillé

Le 19 août, la ville de Mulhouse était donc occupée une deuxième fois par les Français.

Un nouvel exode de familles allemandes avait eu lieu la veille. Autorités civiles et militaires déménageaient, pour la deuxième fois aussi, de l'autre côté du Rhin. Les soldats allemands avaient totalement disparu. Ce vide ne présageait rien de bon aux Mulhousiens qui craignaient surtout un bombardement. Le soir du 18, une patrouille de chasseurs à cheval français entra par le Faubourg de Bâle et traversa la ville d'un bout à l'autre, au milieu de l'émotion générale. On crut que les Français occuperaient Mulhouse le soir même. Rien ne vint.

Mais le lendemain 19 août, à l'aube, les citadins effrayés virent tout à coup surgir les éclaireurs de la brigade Mathy. Le gros suivait de près. Dans une « schneidigen Vormarsch », les Landwehriens se portaient à la rencontre des Français. Ils n'allèrent pas loin. A peine arrivaient-ils au Faubourg de Dornach que le choc se produisit. Bientôt la fusillade crépita de toutes parts et la canonnade s'en mêla. Instruits par l'expérience, les malheureux habitants se réfugièrent dans les caves. A Dornach, plusieurs familles durent en sortir et s'enfuirent en pleine mêlée pour ne pas périr sous les ruines de leurs maisons bombardées.

C'est en cette occasion qu'un Suisse, Aloys Hennin de Vendlincourt, trouva la mort. Un coup de feu étant parti d'une maison de Dornach, derrière le dos des Allemands, ceux-ci fouillèrent la maison, se saisirent de notre compatriote qui portait un enfant sur les bras, et le fusillèrent séance tenante, malgré ses protestations d'innocence. Hennin, âgé de 32 ans, était incorporé dans un bataillon jurassien. J'ignore pourquoi il n'avait pas alors rejoint, en Suisse, son unité mobilisée.

On sait comment le combat de Dornach se termina. Vaincus après une longue résistance, les Allemands se replièrent en direction de Mulheim. De tous les côtés, les troupes françaises de la 14e Division pénétrèrent dans Mulhouse. La population, quoique visiblement satisfaite, se garda bien de manifester bruyamment ses sentiments. « Méfiance est mère de sûreté ! » Et l'on se méfiait avec raison de l'avenir ! Un citadin m'a raconté ses impressions : « La joie muette se trahissait dans les égards prodigués aux soldats, me disait-il. Ceux-ci, de beaux gars vifs, souples, à l'air crânes mais sympathiques, avaient vraiment bonne façon. Leur allure contrastait heureusement avec celle de certains pauvres réservistes mal en point 10 jours auparavant, qui avaient été envoyés, presque d'une traite, à la conquête de Mulhouse, le surlendemain de leur entrée au service ! »

L'Armée d'Alsace immobilisée.

Dans la nuit du 19 au 20, les avant-postes du 7e Corps d'armée encerclaient Mulhouse au nord, à l'est et au sud, sur les mêmes emplacements que la première fois. De là, le front français prolongeait ses ailes, à droite, le long de l'Ill, jusqu'à Altkirch ; à gauche, par Illzach, Soultz, Guebwiller pour rejoindre le détachement du général Bataille aux Trois Epis.

L'ennemi ne donna pas signe de vie. Néanmoins, on le croyait encore en possession de la forêt de la Hardt et du plateau de Landser ((S. de Mulhouse.) Désireux de l'en chasser, le général Pau prescrivit une nouvelle offensive pour la journée du 20. D'après l'ordre, toutes les troupes du secteur Mulhouse-Altkirch devaient attaquer, dès 6 heures du matin, en direction sud-est « dans le but de couper à l'ennemi ses lignes de retraite vers les ponts de Kembs (Istein) à travers la Hardt ».

Ainsi fut fait. Le lendemain matin, les troupes désignées se mirent en marche... mais donnèrent dans le vide. Tous les Allemands s'étaient réfugiés sur la rive droite du Rhin. Le général Pau s'en aperçut et, vers 11 heures, arrêta le mouvement. Les troupes revinrent bredouille sur leurs positions de départ et s'y fixèrent.

Seule l'extrême gauche française réalisa ce jour-là un modeste gain. Continuant sa pression sur la brigade de Landwehr bavaroise qui cédait de plus en plus, le détachement Bataille atteignit Turckeim, au débouché de la vallée de Münster, à portée de canon de Colmar. Turckeim ! Quels souvenirs de gloire durent évoquer ce soir là les soldats du général Bataille, en occupant la petite ville historique où, 239 ans auparavant, Turenne remportait une victoire célèbre qui délivra l'Alsace du joug des Hohenzollern !...

Perplexité !

Le général Pau avait, lui aussi, le 20 août, délivré la Haute-Alsace du joug d'un Hohenzollern. Mais sa tâche n'était qu'ébauchée. Somme toute, il se trouvait à peu près dans la même situation que le général Bonneau 12 jours auparavant. Comme à ce dernier, il lui restait maintenant : 1° à détruire les ponts du Rhin ; 2° à marcher sur Strasbourg, au secours des généraux Dubail et Castelnau.

Cette double mission n'était certes pas aussi facile qu'on se l'imaginait au G. Q. G. français ! Derrière leurs têtes de pont solidement verrouillées, les Landwehriens allemands se sentaient hors d'atteinte. Pour les en déloger, démolir leurs ponts et les ouvrages modernes qui les couvraient, un siège était nécessaire. Oui, mais le temps et les outils manquaient !

En Lorraine, à la trouée des Vosges, les choses commençaient à mal tourner. Les armées Dubail et Castelnau avaient donné tête baissée dans le traquenard qui leur était préparé. Leur offensive, malgré sa supériorité numérique, se brisait contre les formidables barrages de Sarrebourg et de Morhange. « Le temps du recul est passé, proclamait le 19 août l'ordre du jour du Prince Rupprecht de Bavière. Nous devons avancer maintenant, c'est notre heure. Il faut vaincre. Nous vaincrons ! »

Et en effet, le 20, la contre-attaque allemande se

déclanche brusquement avec une violence irrésistible. Les Français engouffrés dans un couloir truqué, sur un terrain hérissé d'obstacles, semé de mitrailleuses et de batteries de toutes sortes, se cramponnent héroïquement d'abord, puis se replient après avoir subi des pertes effroyables. Des secours immédiats sont nécessaires. Où les chercher sinon à l'Armée d'Alsace ? Mais quel chemin prendra-t-elle ? Marcher sur le barrage de Strasbourg par la plaine du Rhin, en laissant sur son flanc et ses derrières un ennemi qui tient la rive droite du fleuve, serait une véritable folie. Le général Pau s'en rend compte et envisage une autre solution : évacuer la plaine d'Alsace et transporter partiellement son Armée, par la crête et le versant ouest des Vosges, à la droite de l'Armée Dubail fortement menacée. Le général en chef nanti de ce projet l'approuve en principe. Ordre est donné à la 44e Division de s'embarquer le 21 août aux environs de Belfort pour être dirigée vers St-Dié à disposition de la 1re Armée.

Mais la réalisation du projet s'arrête là. Le 21 et le 22 août, le gros de l'Armée d'Alsace, je ne sais pourquoi, ne bouge pas. Les ordres du jour portent : « L'armée continuera l'organisation défensive des positions qu'elle occupe. Les troupes resteront dans leurs cantonnements, prêtes à prendre les armes au premier signal ». (Ordre No 8 pour la journée du 22.) Elles y restèrent passivement, en effet, sauf à l'extrême droite où la 81e Brigade renforcée du général Bataille refoula sans peine une attaque de la Landwehr bavaroise débouchant de Colmar, le 22.

Un document sensationnel

Ce jour-là, le général Pau, renseigné sur les échecs de Lorraine, télégraphie de nouveau au général en chef pour lui confirmer son intention d'exécuter intégralement le projet exposé ci-dessus. Il demande une « réponse rapide ». Mais il a soin de spécifier que ce mouvement entraînant l'évacuation de Mulhouse est une « affaire politique dépendant de vous ».

Et pour mieux justifier sa manière de voir, il fait téléphoner séance tenante au G. Q. G. un long rapport complémentaire plein d'aperçus suggestifs. Ce document est d'une importance telle qu'il mérite d'être connu et reproduit en entier. Le voici.

Note sur l'occupation de Mulhouse et ses conséquences.

« Par communication téléphonique du 17 /8-1914-11, 35 h., le G. Q. G. prescrivait à l'Armée d'Alsace de faire sentir son action en maintenant devant elle le plus de forces possible.

» A cet effet, le gros des forces ennemies se trouvait devant Mulhouse et l'armée d'Alsace commença par l'y attaquer. Le succès remporté le 19 /8, succès chèrement payé, eut pour résultat immédiat l'occupation de Mulhouse. Cette occupation entraîna les conséquences suivantes. Elle a fait manifester des espérances, des sentiments avec lesquels il faut compter. Mulhouse une fois occupé par nous, son évacuation produirait un effet moral considérable et ce serait

un acte politique incontestable dont le commandant
de l'Armée d'Alsace ne croit pas pouvoir prendre l'initiative. Or le maintien de l'occupation de Mulhouse
entraîne les conséquences suivantes : obligation
d'assurer la subsistance de la population civile et de
tenir le gros de l'armée à proximité de la ville. Le
ravitaillement de Mulhouse exige, d'après les demandes faites par la municipalité, 200 têtes de bétail et
250 porcs par semaine, sans compter les denrées
d'autre nature. Il ne semble pas que la direction des
E. et S. (étapes et services) puisse satisfaire à ces
demandes.

» D'autre part, l'occupation de Mulhouse ne peut
pas se concilier avec de nouvelles opérations. Les
seules qui pourraient s'exécuter en partant de Mulhouse seraient des attaques sur la tête de pont de
Chalampé. Ces attaques auraient été projetées et
auraient été tentées, si les ouvrages de la tête de pont
de Chalampé, leur armement et leur garnison n'avaient
pas reçu l'accroissement considérable qui a été signalé
par les reconnaissances aériennes ainsi que par les
agents. Pour contrebattre les batteries de 10 cm. et
pour en ruiner les défenses complétées par un réseau
de fils de fer assez profond, il faut des canons de gros
calibre dont l'Armée d'Alsace est dénuée.

» Il n'y a pas à songer à l'attaque d'Istein, groupe
de forts bétonnés avec tourelles ; quant au pont
d'Huningue, les ouvrages qui le protègent se trouvent aussi sous le canon du fort d'Istein.

» Si l'on veut s'écarter de cette région, et se porter
vers Colmar, l'occupation de Mulhouse s'y oppose. Il

est impossible de laisser une partie de l'armée autour de cette ville et de marcher contre Colmar qui est à 40 km. en s'exposant, d'ailleurs, aux attaques de flanc qui déboucheraient de Chalampé ou de Neuf-Brisach. Il faut encore moins songer à se porter sur Strasbourg qui est à 100 km. de Mulhouse. Cette opération ne peut s'entreprendre qu'en débouchant des Vosges et non venant de la Haute-Alsace. L'occupation de Mulhouse met donc l'Armée d'Alsace dans la nécessité de demeurer à proximité de cette ville, incapable d'entreprendre de nouvelles opérations militaires et avec l'obligation de faire subsister une population de 300.000 habitants.

« Ces considérations ont pour objet de vous éclairer sur la solution demandée par télégramme de ce jour ».

Un pareil document peut se passer de commentaires. Venant d'un officier de la valeur du général Pau, il constitue la plus irrévocable *condamnation des campagnes de Mulhouse*, première et deuxième éditions !... En le lisant, le général en chef dut faire d'amères réflexions... Eclairé sur la situation, il ne l'était que trop. Les mauvaises nouvelles affluaient de toutes les parties du front. La faillite du Plan XVII s'accentuait. Les dures vérités du commandant de l'Armée d'Alsace ressemblaient fort aux objections du général Bonneau. Mais ce dernier n'avait pas le prestige de l'ancien *alter ego* du commandant en chef des armées françaises.

En définitive, on devait être bien aise au G. Q. G. de sortir de l'impasse alsacienne.

Une décision rapide s'imposait. Le général Joffre en informa télégraphiquement le ministre de la guerre : « Au Sud, la question de l'Alsace serait actuellement facile à régler, mais son occupation *n'offre aucun intérêt militaire* tant que l'ennemi ne sera pas battu sur les autres points. Je suis donc résolu à la dégarnir pour reporter dans les Vosges la majeure partie des forces qui ont remporté le succès de Mulhouse ».

Et sans plus tergiverser, il orienta ses subordonnés sous forme d'une Instruction adressée aux 3 armées de droite : « L'Armée d'Alsace, y lit-on, ainsi que les 1re et 2e Armées ont actuellement accompli la première partie de leur mission en retenant et en attirant à elles une partie importante des forces adverses !... La mission de l'Armée d'Alsace est de permettre à la 1re Armée de se maintenir dans les Vosges en couvrant son flanc droit... Tout en maintenant une couverture dans la plaine de la Haute-Alsace, cette armée remontera donc par les deux versants des Vosges de manière à atteindre le plus tôt possible la ligne région de la Schlucht, Bonhomme, Trois-Epis, en se couvrant par l'occupation de Colmar... En ce qui concerne l'évacuation possible de Mulhouse, elle doit être subordonnée aux nécessités d'ordre militaire, dont le commandant de l'armée d'Alsace reste juge ».

— Que l'Armée d'Alsace ait accompli sa mission « en retenant et en attirant à elle une partie importante des forces adverses », c'est à démontrer. Personne ne croira que les 4 ou 5 brigades de Landwehr

Entre deux fronts.

et d'Ersatz, rivées au bord du Rhin par le plan Schlieffen, aient été dangereuses au point de motiver l'envoi contre elles d'une armée qui, ailleurs, eût rendu des services autrement urgents ! Quant à l'évacuation de Mulhouse, ce n'est plus une affaire politique, paraît-il, mais une mesure d'ordre militaire.

Donc : — Commandant de l'Armée d'Alsace, vous êtes seul juge de la situation ; prenez la responsabilité de l'évacuation !

Le général Pau n'était pas homme à esquiver une responsabilité. Il la prit sans crainte, probablement, mais non sans un profond chagrin.

En retraite !

Dimanche 23 août, le jour même où le drapeau tricolore était hissé solennellement au mât de l'Hôtel de ville de Mulhouse, un ordre secret sanctionnait cette grave décision : l'évacuation de la ville. L'armée, pivotant autour de la 41ᵉ Division appuyée à Colmar, devait se porter sur le versant ouest des Vosges, « de manière à être en situation d'agir soit sur ledit versant, soit sur le versant alsacien, en couvrant le flanc droit de la 1ʳᵉ Armée dont les détachements de droite occupent le col du Bonhomme ».

Les mouvements de troupes s'effectueraient discrètement pendant la nuit du 23 au 24, afin de ne pas attirer l'attention de l'ennemi. Mais dans le courant de la journée, cet ordre d'opérations fut encore modifié à la suite d'une intervention du G. Q. G. Les événements s'étaient précipités.

A l'aile gauche des armées françaises, les choses se gâtaient de plus en plus. Alors que les 1re, 2e, 3e et 4e armées se faisaient battre en Lorraine et dans les Ardennes, la 5e du général Lanrezac luttait désespérément à *Charleroi*, aux côtés des Anglais, contre l'avalanche allemande dévalant de Bruxelles. Charleroi, mot fatidique, qui aurait pu devenir synonyme de Sedan sans l'habileté de Lanrezac ! Un historien très coté a défini cette rencontre en termes lapidaires : « Charleroi est le prototype de la bataille perdue, de la surprise *stratégique* la plus complète, de la faute de commandement la plus extraordinaire que jamais peut-être l'Histoire ait enregistrée ». (F. Engerand).

Finies les offensives stériles au sud et à l'est ! Les « clairvoyants » avaient raison : c'est au nord, à l'aile gauche du dispositif français qu'était le vrai danger ; c'est là qu'allaient se jouer les destinées de la France. Les yeux s'ouvraient enfin !

Aux grands maux les grands remèdes. Il fallait barrer la route à l'invasion germanique menaçant Paris.

Le général en chef se mit à prélever des troupes sur les parties du front le moins exposées, pour les diriger hâtivement vers le nord. L'Armée d'Alsace était toute désignée. On ne l'utilisa pas en bloc, on la démembra. Le 7e Corps d'armée (moins 41e Division) et la 53e Division reçurent l'ordre de s'embarquer le 25 à Lure, Vesoul et Montbéliard, pour aller former près de Paris le noyau d'une nouvelle Armée (VIe) sous le commandement du général Maunoury. Pourquoi Maunoury et non pas le général Pau ? — Je l'ignore.

Au reçu de ces nouvelles, ce dernier contremanda le mouvement de son armée en direction des Vosges et ordonna son repli vers l'ouest. En même temps, il fit savoir au général Dubail que, vu le démembrement de son armée, il était obligé de renoncer à l'offensive projetée en collaboration avec la droite de la 1re Armée française.

Le 24 août, le général Pau quittait Mulhouse en laissant aux habitants de la ville un manifeste dans lequel il exprimait « tout son chagrin d'être obligé de les abandonner et de ne pas pouvoir encore les arracher à la barbarie allemande ».

Dans la nuit, les soldats français à leur tour évacuèrent Mulhouse et la Haute-Alsace pour la 2e fois !

« En grande hâte les troupes passaient, se dirigeant vers la France, écrit un sous-officier. Les Alsaciens les voyant partir manifestaient leur inquiétude :
— Pourquoi partez-vous ? Les Allemands vont revenir et nous fusiller ! Comme nous ne savions rien, nous nous en tirions par des plaisanteries : — Il n'y a plus de Prussiens, disions-nous, ils sont tous tués ; nous allons en chercher ailleurs !...

Nous partions d'Alsace, le cœur serré, pour de nouveaux destins ! »...

(Le carnet d'un petit fourrier : Revue hebd. 11. 9. 15).

Viaduc de Dannemarie.
Détruit par les Français, le 26 août 1914.

L'évacuation de l'Alsace

On aurait pu s'attendre à voir la retraite française en Haute-Alsace se limiter à l'abandon du saillant de Mulhouse. Puisqu'on gardait les débouchés des vallées vosgiennes, il semble que les arrière-gardes eussent dû s'arrêter sur la ligne Cernay-Altkirch qui en forme le prolongement naturel. Il n'en fut rien. On passa d'un extrême à l'autre. Toute l'Armée d'Alsace rétrograda jusqu'à la frontière, abandonnant ainsi une notable partie de ce territoire chèrement payé. Bien plus, elle coupa les ponts derrière elle, littéralement parlant. Le gouverneur de Belfort reçut l'ordre de faire exécuter sans retard les destructions par les détachements du génie de la garnison. Le 25 août déjà, après le passage des troupes en retraite, les ponts d'Illfurt et d'Aspach furent mis hors d'usage, ainsi que les écluses du canal reliant le Rhône au Rhin. Les 2 grands viaducs de Dannemarie subirent le même sort dans la nuit du 26 au 27.

Tous ceux qui ont parcouru la Haute-Alsace connaissent ces magnifiques ponts aux innombrables arcades, mesurant l'un 460, l'autre 360 mètres de longueur. Le général Thévenet nous apprend que 2 fourneaux de mines pour des charges de 150 kg. de poudre étaient préparés dans les piles de la grande arche du premier viaduc. L'explosion produisit une brèche de 40 mètres. La rupture du second fut plus compliquée, parce qu'il fallut creuser des fourneaux

dans la pierre au moyen de la barre à mine. Une brèche de 30 mètres mit le pont hors d'usage pour toute
la durée de la guerre. Il en résulta une interruption
de trafic entre Dannemarie et la Suisse, par la voie
ferrée Pfetterhouse-Bonfol, interruption qui se pro-
longea longtemps après l'armistice.

Contrairement à la version de M. Hanotaux, ce
sont donc bien les Français qui firent sauter volontairement les viaducs de Dannemarie.

Leur silhouette ébréchée attira souvent l'attention des visiteurs de quelques-uns de nos postes
d'observation à la frontière. Il est vrai que des répa-
rations furent entreprises par les troupes de la garnison de Belfort, qui réoccupèrent peu après le secteur
abandonné de Dannemarie. Mais à peine la brèche
était-elle bouchée que les Allemands la rouvrirent à
coups de gros canons. Les choses en restèrent là jusqu'à la fin de la guerre.

Dissolution de l'Armée d'Alsace

L'Armée d'Alsace repliée sur Belfort et affaiblie
par toutes sortes de prélèvements n'avait plus sa
raison d'être. Le généralissime le comprit et consa-
cra sa dissolution par une lettre adressée le 25 août
au général Pau « ...Dans ces conditions nouvelles,
y lisons-nous, il m'a paru que les motifs qui m'avaient
décidé à ordonner la formation de l'Armée d'Alsace
avaient perdu la plus grande partie de leur valeur
et que la mission qui lui est désormais confiée ne
convient plus à un homme de votre valeur. Je suis

donc obligé, à mon regret, de vous prier de vous remettre personnellement à la disposition du ministre pour telle mission qu'il aura à vous confier ».

Joffre.

Après quelques jours d'une existence précaire, l'Armée d'Alsace sombrait avec les espoirs qu'elle avait fait naître. Ses éléments non embarqués pour Paris allèrent partiellement renforcer, dans les Vosges, l'armée du général Dubail. La 57e Division de réserve rentra dans le cadre de la garnison de Belfort. En revanche, la 66e Division de réserve et la 14e Brigade de dragons, cantonnées à la frontière suisse près de Montbéliard, restèrent inactives, oubliées peut-être, jusqu'au 10 septembre.

Quant à l'Etat-major de la défunte armée, il fut naturellement dissous et quitta Belfort en même temps que la général Pau. Ce dernier prit congé du gouverneur le 28 août, dans une entrevue « qui, nous dit le général Thévenet, fut très émouvante ».

Le gouvernement français confia au général Pau différentes missions diplomatiques dont il s'acquitta avec un rare bonheur. C'est ainsi que nous le trouvons aux côtés du roi des Belges, au moment où celui-ci lutte héroïquement à la tête de sa petite armée contre la ruée allemande sur l'Yser. Plus tard, il sera délégué auprès de l'Armée russe. En 1916, la Suisse lui réservait un accueil chaleureux à l'occasion de sa visite aux internés français. Mais pendant le reste de la guerre, le général Pau n'exerça plus de commandement effectif. Il est certain que l'éphémère expédition de Mulhouse ne permit pas à ce valeureux chef de donner la mesure exacte de ses grands talents militaires.

Commentaires

Cela dit, on doit reconnaître que la deuxième offensive en Alsace, de même que la première, ne produisit pas les résultats escomptés en haut lieu. Dans les deux cas, la faute ne saurait en être imputée aux chefs qui les réalisèrent conformément aux ordres reçus.

Le récit officiel français constate sans amertume que les troupes, cette fois, « se sont retirées non sous la pression ou la menace de l'ennemi, mais par la volonté du haut commandement ». — Et, le général en chef télégraphia, le 23, au ministre de la guerre que « l'occupation de l'Alsace n'offrait plus aucun intérêt militaire ».

Tout est bien qui finit bien !... Mais beaucoup de critiques avertis apprécient sévèrement cette volte-face tardive du G. Q. G. « Sans chercher à mettre des responsabilités en jeu, écrit le gouverneur de Belfort, on peut dire que l'abandon précipité et intégral du Sundgau a été une grosse erreur qui aurait dû et qui aurait pu être évitée ».

Et, après avoir examiné les raisons invoquées par le G. Q. G. pour justifier cet abandon, il continue : « Tout cela pouvait être vrai au point de vue théorique ; mais il était vrai aussi que nous nous trouvions en Alsace dans une situation particulière, et que nous avions vis-à-vis des Alsaciens des obligations morales dont nous ne pouvions pas ne pas tenir compte. Pendant quarante-quatre ans nous avions crié à l'Alsace notre ardent désir de la voir rentrer dans le giron de la mère patrie. Lorsque, ensuite, le jour de la guerre était arrivé, nous nous étions précipités vers Mulhouse avec des forces si insuffisantes que notre hâte de délivrer la cité alsacienne n'avait abouti qu'à un échec pour nos armes et à de cruelles représailles contre ceux qui nous avaient accueillis en libérateurs. Quinze jours après, nous étions revenus avec des effectifs notablement supérieurs à ceux de l'ennemi ; nous l'avions battu ; nous étions rentrés dans Mulhouse en vainqueurs et la retentissante proclamation du général Joffre faisait encore vibrer tous les cœurs... Venant du général en chef des armées françaises, une telle déclaration prenait vis-à-vis des Alsaciens le caractère d'un véritable engagement, et la France se devait à elle-même de ne les abandonner qu'à la dernière extrémité. Or, nous étions loin d'en être arrivés à tel point. »

Après avoir montré que même après les prélèvements opérés sur l'Armée d'Alsace, il restait des éléments disponibles dont l'ensemble présentait des effectifs supérieurs, à tous points de vue, à ceux de l'ennemi, le général Thévenet conclut :

« Pourquoi donc alors avoir évacué le Sundgau et dispersé les forces qui s'y trouvaient au lieu de les employer à préparer sur quelques points de solides organisations défensives, à les occuper et à les défendre ? En ce mois d'août 1914, nous étions malheureusement trop imprégnés de ces théories néfastes

d'offensive à tout prix, qui, après nous avoir fait tant
de mal au début de la campagne, devaient échouer
piteusement dans la boue des tranchées ; l'emploi de
la fortification de campagne semblait réservé aux
territoriaux ou aux troupes de places ; en dehors
d'elles, on ne savait pas et on ne voulait pas y recou-
rir. Nul doute cependant qu'il eût été possible de se
cramponner au terrain comme la garnison de Belfort l'a fait quelques semaines plus tard devant
Dannemarie et devant Pfetterhouse... Au point de
vue moral, l'occupation de la position d'Altkirch,
en laissant le drapeau français planté en Alsace,
aurait épargné à la France les angoisses que lui causa
la deuxième évacuation de Mulhouse et que seule la
réoccupation de Dannemarie put atténuer. Au point
de vue des opérations, elle aurait constitué en avant
de la Trouée de Belfort une position avancée qui
aurait étendu et renforcé considérablement l'action
extérieure de la place ; elle aurait permis de ne pas
opérer la destruction des viaducs de Dannemarie, destruction qui depuis l'armistice a pesé lourdement
sur la reprise des relations directes entre Belfort et
Mulhouse ; elle aurait enfin épargné à la ville même
de Belfort les bombardements intermittents de l'artillerie à longue portée qui, vers la fin de 1915, s'éta-
blit aux abords d'Illfurth ». (Général Thévenet : La
place de Belfort).

Voilà des appréciations sévères mais singulièrement objectives. J'en pourrais citer d'autres de même
nature. A quoi bon ?

Je préfère m'en tenir à la règle que je me suis

imposée. Je laisse donc au lecteur le soin de se faire une opinion d'après le langage des faits.

En revanche, je me permets d'attirer l'attention de mes camarades suisses sur les judicieuses réflexions du général Thévenet concernant « l'offensive à tout prix et l'emploi des fortifications de campagne ». Pour qui se rappelle nos règlements de 1914, il y a là matière à glaner et de quoi réfléchir. Aujourd'hui même, en voyant nos manœuvres, oserait-on dire que les observations du général Thévenet ne sont plus d'actualité ? Ici encore, je laisse aux intéressés le soin de résoudre la question en évoquant leurs expériences.

CHAPITRE VI

FLUX ET REFLUX

En pays reconquis

Après la sanglante journée du 19 août, les Allemands s'étaient retirés sur la rive droite du Rhin et tapis derrière leurs têtes de pont.

Connaissant la supériorité numérique de leurs adversaires, ils s'attendaient à une attaque imminente et s'apprêtaient à la recevoir. La « Wacht am Rhein ! » la garde du Rhin était là. L'ennemi payerait cher toute violation du fleuve sacré !

Mais, à leur grande surprise, rien ne vint. Bien plus, les Landwehriens badois n'en croyaient pas leurs yeux quand, le 25 au matin, ils constatèrent la disparition des avant-postes français. Que présageait cette ruse de guerre ? Flairant un piège, leurs patrouilles s'avancèrent prudemment à travers la grande forêt de la Hardt. D'ennemi, point de caché ! Bientôt l'étrange nouvelle se confirma : les Français se retiraient sur toute la ligne...

Ils avaient évacué Mulhouse, emmenant avec eux de nombreux otages, fonctionnaires, notables, entre autres le maire, M. Kulmann. Dans la soirée, les premières patrouilles allemandes se faufilèrent dans la ville. Puis, des cyclistes suivis d'une automobile blindée parcoururent en trombe les rues principales. Enfin, l'infanterie surgit de toutes parts, poussa ses avant-postes à Dornach et s'installa comme il est d'usage en pays reconquis... On sait ce que cela signifiait le 10 août ! Quinze jours après, les scènes se renouvelèrent, quoique avec moins de violence. Sur les murs, les affiches françaises firent place aux multiples défenses, Verordnungen, Befehlen, etc., préludes inévitables des perquisitions, arrestations et autres vexations. Pendant 4 ans, la population de Mulhouse devait goûter sans répit les douceurs d'un gouvernement militaire à poigne. Ce régime de représailles ne fut pas un des moindres inconvénients des deux éphémères apparitions des Français.

Il y en eut d'autres en Haute-Alsace. En beaucoup d'endroits, les champs de céréales et de légumes avaient été piétinés par les allées et venues des troupes. Les provisions de denrées alimentaires furent bien vite épuisées ensuite d'incessantes réquisitions. Le ravitaillement ne se faisait plus d'aucun côté à cause des incertitudes du lendemain. Aux dégâts matériels vinrent donc s'ajouter la misère et la faim, qui sévirent cruellement dans certaines régions. Des journaux suisses de l'époque se font l'écho de cette triste situation : « A cette heure, l'Alsace naguère si riante et prospère, présente un aspect lamentable, tragique même. Les campagnes dévastées, des villages détruits par le feu et les obus, des milliers de jeunes hommes couchés dans les plaines, des habitants fusillés pour un geste par la soldatesque ivre de vengeance, la répression barbare, la misère et la famine, des femmes et des enfants qui pleurent, la peur installée au foyer, voilà ce qui s'offre maintenant aux regards des passants ». (Démocrate).

Même en faisant la part de l'exagération dans ce tableau de journaliste imparfaitement renseigné, il faut avouer que la population alsacienne était bien à plaindre. Sans doute, en ce moment, les habitants des régions belges et françaises transformées en immenses champs de bataille étaient plus à plaindre encore... Mais le contraste entre la Suisse et l'Alsace n'en demeurait pas moins frappant. Que pesaient nos petites misères à côté des souffrances de nos infortunés voisins ?... Chez eux, la guerre ; chez nous, la paix ! Entre les deux, un barrage : notre Armée. Qui donc aurait alors osé proposer de le démolir, ce barrage ? Et dire qu'il y a des gens qui nous demandent aujourd'hui de supprimer ce bouclier qui les a protégés, qui les protégera demain peut-être !... Ceux-là n'étaient sûrement pas, comme nous, aux avant-postes suisses de la frontière d'Alsace au début de la guerre...

A fin août 1914, le 2ᵉ acte du drame alsacien était terminé. Le 3ᵉ allait commencer. Moins mouvementé que le 2ᵉ, mais infiniment plus long, ce dernier acte devait être tissé de combien d'alertes, d'espoirs déçus, d'angoisses et de souffrances ?...

Accalmie

A la période tourmentée que nous venons de vivre succéda en Haute-Alsace une courte période de calme plat. L'ouragan s'éloignait vers le nord-ouest.

Autour de Mulhouse et près de Belfort, les deux adversaires se tenaient cois. L'un et l'autre avaient d'ailleurs, on s'en souvient, une tâche initiale nettement défensive. Le général Gaede avec ses Landwehriens devait se cramponner au Rhin, pivot de la manœuvre stratégique allemande. Le général Thévenet, gouverneur de Belfort, livré à lui-même, se préoccupait avant tout de barrer la Trouée en assurant la défense de la place qui lui était confiée. Pour l'instant, tous deux se gardaient bien d'aller provoquer au loin un ennemi dont ils ignoraient les intentions. Et c'est ainsi que, pendant quelques jours, il exista entre la Suisse et les Vosges une zone de terrain vide de tous soldats et fonctionnaires allemands ou français. Mais c'était une zone dangereuse dans laquelle circulaient de petites patrouilles cyclistes, et où se hasardaient quelques rares civils helvétiques en quête de nouvelles. « Pour nous, c'était le beau temps des aventures ! » me disait l'un d'eux, un journaliste, en faisant allusion aux restrictions qui bientôt fermèrent hermétiquement la frontière aux indiscrets.

L'Alsace et la Marne

Des événements autrement importants retenaient ailleurs l'attention angoissée du monde entier. Ils sont connus sous le nom de *Bataille de la Marne*. Leur récit ne saurait rentrer dans le cadre de notre étude. Contentons-nous d'un bref aperçu pour marquer l'aboutissement des plans d'opérations que nous avons comparés.

A fin août déjà, l'un des deux, le plan XVII des Français, avait totalement échoué. « Le général Joffre comprend que l'offensive a été mal engagée, que la bataille des frontières est perdue, qu'il est indispensable de prendre du champ pour regrouper ses forces » (Mémorial de Foch). Par contre, le plan Schlieffen-Moltke semble devoir brillamment réussir.

Vainqueurs sur tout le front franco-belge, les Allemands grisés par leur succès se ruent vers le sud : « Nach Paris ! » Devant ce flot irrésistible, les Français et les Anglais surpris, épuisés, reculent vers la Marne et la Seine, en luttant désespérément.

Des trous se creusent entre les armées en retraite. Le général Joffre les bouche au moyen de tous les éléments encore disponibles. C'est ainsi qu'une armée nouvelle, la IXe, commandée par le général Foch s'insère entre la IVe et la Ve. Une autre — dont fait partie le 7e C. A. — aux ordres du général Maunoury, va prendre position à l'extrême gauche, sous les murs de Paris. Elle y jouera un rôle providentiel !

Dans la grande ville abandonnée par le Gouvernement, un valeureux chef commande : le général Galliéni. Il s'apprête à résister bravement à l'armée allemande qui atteint la banlieue. Mais soudain, il s'aperçoit qu'au lieu d'attaquer la capitale, l'aile marchante allemande glisse vers le sud, en laissant sur son flanc

La forêt du Largin.

Le Largin.

droit le camp retranché de Paris. Négligeant ce dernier qu'il tient pour peu dangereux, von Kluck s'avance à marche forcée sur la gauche alliée pour réaliser l'enveloppement prévu, anéantir l'Armée française ou la *rejeter sur la Suisse*. C'était une faute qui devait avoir des conséquences inouïes. Galliéni s'en rend compte, avise immédiatement le général en chef et lui propose d'attaquer l'ennemi de flanc avec l'armée Maunoury et toutes les troupes disponibles de la garnison de Paris. Contrairement, paraît-il, au préavis de son État-major, le général Joffre acquiesce. Dans un éclair de génie, il voit la victoire s'offrir et, très habilement, il s'applique à la retenir sous le drapeau des Alliés. Il avait prévu la bataille décisive sur la Seine : on se battra sur la Marne. Son ordre immortel du 5 septembre vole d'un bout du front à l'autre : « ...Il importe de rappeler à tous que le moment n'est plus de regarder en arrière... Une troupe qui ne pourra plus avancer devra, coûte que coûte, garder le terrain et se faire tuer plutôt que de reculer ».

Tout le monde obéit. Les Français battus, mais non démoralisés, font volte-face et, dans un sursaut d'énergie, se jettent dans une contre-attaque désespérée qu'appuient les Anglais. Cela déroute tous les pronostics des Allemands. « Que des hommes se fassent tuer sur place, c'est là une chose bien connue et escomptée dans chaque plan de bataille, écrira plus tard à ce propos le général von Kluck. Mais que des hommes ayant reculé pendant dix jours, que des hommes couchés par terre à demi morts de fatigue puissent reprendre le fusil et attaquer au son du clairon, c'est là une chose avec laquelle nous n'avons jamais appris à compter dans nos écoles de guerre ».

En effet, et c'est bien pourquoi cette chose s'appelle le miracle de la Marne.

L'Armée de von Kluck surprise par l'attaque de flanc débouchant de Paris s'arrêta pour parer le coup. Malgré les prodiges de son chef, elle fut forcée de reculer. Il en résulta une retraite générale des armées allemandes. Faiblement poursuivies par les vainqueurs à bout de souffle et de munitions, elles s'arrêtèrent sur la rive droite de l'Aisne pour y établir un nouveau front que les tranchées devaient rendre inviolable.

Le plan Moltke-Schlieffen s'effondrait irrémédiablement. Par contre, le général Joffre prenait brillamment sa revanche. Si de graves fautes avaient été commises dans la conception et la conduite des premières opérations de la guerre, la victoire de la Marne les rachetait. Le chef qui en fut le principal artisan mérite la gloire qui s'est attachée à son nom.

Aussi bien, peut-on souscrire sans réserve aux paroles que Richepin adressait au maréchal Joffre dans son discours de réception à l'Académie française : « On est forcé de reconnaître que si vous aviez perdu la bataille, vous restiez à jamais, comme on dit, cloué au pilori de l'Histoire sous ce nom : vaincu de la Marne. En retour, puisque vous l'avez gagnée, cette bataille, il est de toute justice que vous restiez, à jamais aussi, sans que rien vous puisse débouter de cette appellation, le vainqueur de la Marne »...

La progression des troupes de la garnison
de Belfort

Pendant que le sort de la France se jouait sur la Marne, les 2 adversaires en Haute-Alsace élargissaient et consolidaient leurs positions, faisant tache d'huile en direction de Mulhouse et de Belfort. Après la réoccupation de Mulhouse, les Allemands se hâtèrent de mettre la ville a l'abri d'un nouveau coup de main. Pour cela, ils construisirent une ceinture de points d'appui solidement organisés. Ils l'étendirent peu à peu vers l'ouest, le long de l'Ill, et en direction de Cernay, où le contact fut repris avec les Français restés à Thann.

En revanche, plus au sud et vers la frontière suisse, quoique la zone vide se rétrécît chaque jour, de nombreux villages restaient inoccupés. Les patrouilles des 2 partis y faisaient alternativement des incursions, réquisitionnaient du matériel ou du bétail, prélevant parfois des otages sur la population terrorisée. Aux abords de notre frontière, par exemple, les villages de Pfetterhouse, Réchésy, Lepuix, etc. furent souvent alarmés par des patrouilles allemandes, au début de septembre. Une jeune fille de Réchésy, télégraphiste, mérita la croix de guerre pour son attitude courageuse en ces occasions.

A la mi-septembre, toute la région limitrophe de l'Ajoie, jusqu'à Réchésy, fut occupée par de forts détachements de douaniers français qui s'y installèrent solidement.

Le général Thévenet, gouverneur de Belfort, résolut de reconquérir le plus de terrain possible, « afin, dit-il, de se donner de l'air et d'interdire à l'ennemi l'accès de la Trouée en s'appuyant sur la place, tout en l'empêchant de l'investir, voire même de s'en approcher assez pour la bombarder ».

Parmi les 70.000 hommes qui composaient la garnison de Belfort, il y avait une brigade active et une division de réserve, la 57e, parfaitement aguerries pour reprendre l'offensive et exécuter cette tâche. La première, commandée par le général Rouquerol, barrait au pied des Vosges la grand'route Belfort Cernay. A sa droite, la 57e D. R. commandée par le général Bernard couvrait, à la hauteur de Montreux, la route, le canal et la voie ferrée Belfort-Altkirch. Pendant tout le mois de septembre, les colonnes volantes de ces deux unités parcoururent le terrain, échangeant des coups de fusil et de canon avec les éléments ennemis, et poussant leurs reconnaissances jusqu'aux abords de Mulhouse et de Cernay. Derrière elles, la ligne des avant-postes se déplaça progressivement vers l'est et atteignit bientôt Dannemarie et la vallée de la Largue.

Parmi les combats de quelque importance livrés en Alsace à cette époque, il faut citer ceux d'Aspach-Michelbach, les 9, 10 et 11 septembre. La brigade active, renforcée d'éléments de la 57e D. R., repoussa les Landwehriens du général Mathy qui menaçaient Thann, et parvint à rétablir la liaison avec les troupes de la 116e Brigade retranchées dans cette localité. Cette affaire est racontée en détail dans une brochure écrite par le général Rouquerol. « *La Brigade active de Belfort en Haute-Alsace, septembre 1914* ». Elle contient des pages inédites sur le service de renseignements allemands en Alsace, les ordres écrits, le réglage du tir, le rôle des chefs, etc. En voici, à titre d'exemple, un extrait qui nous intéressera tous : « Une opération de guerre ne présente de chances de réussite qu'à la condition de reposer sur une idée simple que tout le monde comprend sans effort. Ce n'est pas en vertu d'un don spécial, ou par grâce d'état, qu'un chef peut faire rapidement rayonner sa pensée jusque dans l'esprit du plus borné de ses inférieurs. C'est le résultat d'un entraînement qui se poursuit dans tous les contacts de la vie journalière par le développement constant de la confiance, et, je dirai plus, d'une affection réciproque entre les subordonnés et leur chef. C'est ainsi qu'on apporte toute son énergie à l'exécution des ordres entendus à demi-mots. Mais malheur à celui qui ne songe qu'à critiquer ses inférieurs pour faire retomber sur eux la responsabilité de ses déconvenues ! Personne ne cherchera à compléter de sa propre initiative les lacunes inévitables du texte des ordres. Tous sauront trouver un détail secondaire pour rejeter leur maladresse sur leurs chefs ou sur leurs voisins. En un mot, la troupe sera divisée contre elle-même et cet état est loin de la préparer à des succès sur l'ennemi ».

La progression de la Landwehr allemande

En face de la 57e D. R. française, les Allemands avaient réoccupé Altkirch qu'ils transformèrent en véritable place forte. Leur réseau de tranchées s'étendait lentement et méthodiquement vers la vallée de la Largue. Le régiment de Landwehr N° 110 tenait le secteur d'Altkirch. A sa gauche, le 109e Régiment progressait dans le secteur Ferrette-Seppois-Bisel. Plus au sud, le Landsturm badois bordait la frontière suisse de Winkel à Courtavon. Ces troupes appartenaient au groupe du général-lieutenant von Bodungen, gouverneur d'Istein, qui avait son P. C. à Ferrette.

C'est à ce groupe que la 57e Division de réserve allait avoir affaire. Tandis que deux compagnies de douaniers français occupaient Pfetterhouse, fin septembre, les régiments du général Bernard entreprirent une série de coups de main, d'Altkirch à la frontière suisse, pour arrêter la progression des Allemands et les rejeter sur l'Ill. Il en résulta de nombreux engagements dans tout le secteur, notamment autour d'Altkirch que les Français ne parvinrent pas à reprendre. En revanche, ils s'emparèrent de Largitzen et de Bisel. Pendant quelques jours, attaques et contre-attaques se multiplièrent autour de ces deux villages. En fin de compte, Largitzen resta aux mains des Français, tandis que les Allemands conservaient définitivement Bisel.

A la frontière suisse

Bombardement du Largin

De leurs postes d'observation, les Suisses suivaient attentivement les combats qui se déroulaient dans

L'auberge du Largin.

leur voisinage immédiat. Ceux-ci provoquèrent, chez nous, maintes alertes et de nombreux mouvements de troupes. Le 13 octobre, 6 obus allemands tombèrent sur territoire suisse au Largin, heureusement sans causer de grands dommages. A cette nouvelle, une réelle émotion s'empara de la population frontière, d'autant plus que le bruit se répandait d'une entrée des Allemands en Suisse par Miécourt. « Cette nouvelle, relate le Démocrate du 15 octobre, lancée on ne sait par qui, s'est propagée comme le feu à une traînée de poudre. Elle fut accueillie avec d'autant plus de facilité que le canon ne cessait de tonner à quelques centaines de mètres de là, aux abords du château de Morimont, où les Allemands avaient installé une batterie ». Et la rédaction du journal ajoute : « Cette nouvelle a rapidement fait du chemin, car mardi et mercredi une quantité de personnes du Jura Sud, du canton de Neuchâtel, de Lausanne et de Berne nous ont téléphoniquement demandé des renseignements à ce sujet ».

Inutile de dire que, si le bombardement du Largin était exact, l'invasion de Miécourt par les Allemands constituait un de ces monstrueux canards dont les vols se multipliaient à cette époque tourmentée.

Il est intéressant de relire les journaux régionaux d'alors. Leurs colonnes sont remplies de détails plus ou moins véridiques sur ces événements sensationnels. En voici un extrait amusant qui me paraît en partie conforme à la réalité : « Une division entière (57e) est venue, mardi 13 octobre, renforcer les Français qui opéraient, depuis quelques jours, dans

la région de la Largue. Les Allemands s'étaient fortifiés très sérieusement à Bisel et retranchés à l'est de
Moos. Les Français tenaient la ligne Pfetterhausen-
Seppois. Leur artillerie avait pris position à l'ouest
de ce dernier village. L'engagement, sous un feu très
nourri des canons allemands et français, a eu comme
résultat le recul des Allemands d'une dizaine de
km. (?) dans la direction de Ferrette. Le sphérique
français était à l'ouest de Seppois...

« Nous nous trouvions au point 510, au-dessus de
Beurnevésin, quand entre 10 1/2 et 11 heures, le colonel Sprecher von Bernegg, chef de l'E. M. de l'Armée,
reçut la nouvelle que 6 obus venaient de tomber sur
territoire suisse. C'est peu après que, voulant se
rendre compte de ce qui se passait dans les environs,
il fit preuve d'une vigueur juvénile en grimpant au
haut de l'arbre le plus élevé à proximité du point
510 ! Après s'être rendu compte des positions des
belligérants, M. le colonel Sprecher partit pour le
Largin, où il arriva peu après midi. Il a pu constater
comme nous ce qui s'était passé. Les Français étant
non loin de notre frontière, l'artillerie allemande,
dont le tir est d'un manque de précision notoire, a
lancé plusieurs obus dont six ont éclaté en Suisse.
Un de ces projectiles est tombé sur le toit de la grange
du Largin, sans toutefois provoquer de très grands
dégâts. Deux autres arrivèrent dans la cour du Largin, labourant profondément le sol. On pouvait
recueillir des éclats de shrapnells dans tout ce coin de
territoire suisse. Au moment où les obus ont éclaté
près de l'auberge du Largin, plusieurs officiers supé-

rieurs de notre armée se trouvaient dans le bâtiment.
Vers 3 heures, M. le général Wille est arrivé sur les
lieux de ce regrettable incident. — Une demi-heure
avant que le Largin ait été atteint par les obus allemands, la ferme alsacienne du Sparhof, propriété
de M. R. Meyer, de Delle, a été incendiée par une
compagnie d'infanterie française. Tout a été détruit ».
(Pays de Porrentruy, 15. IX. 14).

Trois jours après l'incident du Largin, le gouvernement allemand chargea son ministre à Berne de
présenter ses excuses au président de la Confédération. Il donna l'assurance que « indemnité pleine
et entière serait payée pour le dommage causé et que
les commandants de troupes allemandes dans ces
parages seraient invités à donner les ordres nécessaires pour empêcher le renouvellement de faits de
ce genre ».

Les amateurs d'aventures

Dans le même numéro du journal mentionné ci-
dessus, on trouve encore les curieux renseignements
suivants : « De nombreux civils de notre pays ont
gagné au cours de l'après-midi la route de Pfetterhausen à Réchésy et y ont rencontré des troupes
françaises. Vers 4 heures, elles avaient terminé le
combat qui avait tourné à leur avantage. Ces troupiers, de fort belle mine et d'un moral parfait, se
déclaraient tous enchantés du résultat de la journée...
Le détachement que nous avons vu venait d'avoir
3 morts, 5 blessés et un disparu ».

Ainsi donc, on entrait alors en Alsace comme dans un moulin ? C'est possible, du côté français tout au moins, mais cela ne dura pas longtemps. Au début de la guerre, quantité de curieux cherchaient, en effet, à s'approcher des postes d'observation de nos troupes, à gagner les points de vue d'où l'on pouvait découvrir quelque coin de champ de bataille. Les plus enragés, « pour voir les choses de près », se faufilaient dans les épaisses forêts qui encadrent la ligne frontière, marquée alors par de petits drapeaux rouges et blancs. Parmi ces Tartarins se dissimulaient évidemment des personnages suspects, espions, contrebandiers et autres, qui cherchaient à glaner autre chose que des nouvelles ou des émotions inédites. Les belligérants s'en doutèrent. Bientôt ils sévirent impitoyablement contre les importuns. Tous ne furent pas reçus aimablement comme ceux que mentionne le correspondant ci-dessus. Je connais des amateurs qui, en automne 1914, risquèrent de payer cher leur curiosité. Arrêtés, puis fouillés et questionnés copieusement, les uns furent expédiés en Helvétie par le plus court chemin. D'autres, moins veinards, firent d'involontaires détours, et ne regagnèrent leurs pénates qu'après avoir villégiaturé dans les prisons de Mulhouse ou de Belfort !...

L'automne de 1914 en Alsace

Vers la mi-octobre, les forces françaises en Haute-Alsace subirent des remaniements. La brigade Rouquerol d'active, appelée sur un autre point du front, fut remplacée par des régiments de territoriaux. Le secteur Vosges-Suisse fut réparti en 3 groupements dont la 57e D. R. à Dannemarie formait le centre. Le groupe sud, notre proche voisin, était sous les ordres du colonel Matuszinski. Il comprenait des compagnies de douaniers, des cyclistes, des chasseurs à cheval, et quelques bataillons de territoriaux. Ces derniers, « les pépères », quoique moins entreprenants que les réservistes de la 57e D. R., étaient pourtant de braves soldats. Leurs vis-à-vis, les Landwehriens du 109e R., plus aguerris, passaient pour de redoutables adversaires. Mais le contact étant à peu près établi sur tout le front, il semble bien que ni l'un ni l'autre des 2 partis n'aient eu des intentions très agressives. De part et d'autre les moyens manquaient pour une offensive sérieuse. « Bis Thann, aber nicht weiter ! » aurait dit le Kaiser au général Gaede. Et à l'extrémité sud du front, la vallée de la Largue marquait, par son point d'appui à la frontière suisse, une ligne d'arrêt également favorable aux 2 belligérants. Quoi qu'il en soit, la mission du groupement Matuszinski consistait surtout à s'installer solidement sur la Largue.

Les territoriaux

Cette mission fut pleinement réalisée par les territoriaux. Pour cela, ils occupèrent sans grande difficulté le Largin dans le courant de novembre et bordèrent de tranchées et de fil de fer barbelé la forêt du Bannholz qui longe la rive gauche de la rivière. Les

Allemands firent de même sur la rive droite en organisant les pentes ouest du Larg-Wald. Les escarmouches qui s'ensuivirent ne valent pas la peine d'être relatées ici. Elles sont détaillées dans un livre bien connu des habitants de la contrée : « E. Fleutiaux. — Souvenirs d'Alsace ».

L'auteur, un commandant de bataillon du 55e Régiment territorial stationné à Réchésy et à Pfetterhouse, passe en revue chronologiquement tous les événements qui se sont déroulés dans cette région, de la mi-octobre 1914 à fin janvier 1915. On y trouve des choses curieuses, des révélations intéressantes. Je regrette de n'en pouvoir citer que quelques cas typiques.

Le 18 octobre, 5 jours après l'incident du Largin, le commandant Fleutiaux a une entrevue, au poste de Beurnevésin, avec un officier d'Etat-major suisse qui lui demande de ne pas placer d'artillerie à proximité de la frontière pour ne pas « exposer son pays à recevoir des coups ». Fleutiaux trouve « la démarche pour le moins singulière » et en réfère à son supérieur.

Le lendemain, un parlementaire lui apporte un pli du lieut.-colonel commandant la 1re Brigade de cavalerie suisse. « La protestation relative à l'établissement de batteries françaises à proximité de la frontière y est exposée, et en même temps la prétention de nous rendre responsables des conséquences que pourraient entraîner un combat d'artillerie dans ces conditions, c'est-à-dire le bombardement de la Suisse par les coups longs ». — Il s'agit sans doute des fameux canons de 155 installés au sud de Pfetterhouse et qui firent tant de mal aux Allemands. — « Le papier est envoyé à Suarce, au colonel Matuszinski ». Le commandant Fleutiaux n'indique pas quelles suites furent données à cette démarche.

Les journaux de l'époque qui relatent cet incident prétendent que les Français refusèrent de déplacer leur batterie. « Les Allemands n'ont qu'à tirer juste ». Telle aurait été la réponse officielle de nos voisins.

Les civils suisses, curieux, suspects et autres, lui causent aussi beaucoup de tracas. « Ces Suisses sont vraiment incorrigibles, leur curiosité dépasse les bornes. Deux habitants de Bonfol surpris rôdant autour de la batterie du 155 sont arrêtés par une patrouille et remis entre les mains de la gendarmerie de Réchésy ».

Nous savons que le cas n'était pas exceptionnel !...

Le commandant Fleutiaux prend des mesures sévères pour se débarrasser des indiscrets et des espions. On ne saurait l'en blâmer. En revanche, il nous révèle qu'on ne dédaignait pas, de l'autre côté de la frontière, les services du contre-espionnage. Un alsacien, le Dr. Bucher, de Strasbourg, sous le pseudonyme de Dr. Berger, avait organisé à Réchésy un poste collecteur de renseignements S. R. qui fonctionna à merveille pendant toute la durée de la guerre.

L'Académie de Réchésy

Tout le monde a entendu parler du célèbre centre d'informations établi à Réchésy, non loin de notre frontière. « On appelait ce bureau auquel présidait le Dr. Bucher « l'Académie de Réchésy » et ce nom n'était pas usurpé, écrivait à ce sujet M. Maurice Muret qui l'a visité. Le bureau de Réchésy était composé d'une élite de gens de lettres, de professeurs, de juristes, tous désignés par leur connaissance de la langue et de la politique allemandes pour figurer dans cette escouade d'intellectuels chargés, aux confins de la France, de l'Allemagne et de la Suisse, de centraliser les documents sur l'Allemagne et de les adresser traduits, filtrés au commandement suprême français (1).

Il y avait là, en effet, dans une jolie maison du dix-huitième siècle, toute une équipe d'écrivains mobilisés, dont beaucoup étaient d'origine alsacienne : Paul Acker, André Halleys, Jean Schlumberger, Pierre Hepp, etc. Maurice Barrès y faisait de fréquentes apparitions. Ces messieurs, généralement en tenue d'officiers français, frayaient volontiers, et pour cause ! avec les soldats suisses de garde à la frontière.

Bien connu à Berne, où il fut attaché à l'ambassade française, le Dr Bucher était un organisateur de génie. Dans un de ses livres, le général Mangin a rendu hommage à l'activité extraordinaire de cet Alsacien naturalisé, « un des principaux artisans de la victoire ».

A Réchésy, dans son « poste d'écoute » idéal, le capitaine Bucher se servait habilement des indigènes,

(1) Gazette de Lausanne 24. 11. 21.

des déserteurs, des journaux, de la correspondance venue de Suisse, bref de tout ce qui était susceptible de procurer des renseignements sur les faits et gestes des Allemands. A l'occasion, ceux des Suisses ne le laissaient pas indifférent : « Le service de renseignements, écrit Fleutiaux, en date du 24 octobre, désire savoir si la Suisse a dans la région *des forces suffisantes* pour s'opposer à la violation de son territoire par l'Allemagne. Les avis de grands mouvements à St-Louis ont fait naître la crainte de cette éventualité. Il est certain que, s'ils ont le projet de commettre ce nouvel attentat, les Allemands ne s'arrêteront à aucune considération : le passé le prouve ».

A méditer par ceux qui contestent l'utilité du barrage de l'Armée suisse à la frontière en cas de guerre entre voisins.

On reçoit beaucoup de journaux suisses et étrangers aux Etats-majors français et au S. R. de Réchésy ; on épluche leurs nouvelles, on les commente abondamment. «Les articles de journaux ne sont pas toujours l'expression de la vérité, nous l'avons souvent constaté en ce qui nous concerne ; néanmoins, il est parfois utile de les lire ». Et, après avoir reproduit un article du « Démocrate » du 7 novembre, le commandant Fleutiaux cite le communiqué suivant du chef de l'E. M. de l'Armée suisse, publié sous le titre : *Une fausse nouvelle* : « Le bruit circulait ces jours derniers que l'Allemagne aurait demandé à la Suisse le passage par le district de Porrentruy. Cette nouvelle est absolument sans fondement. Sa propagation est passible de poursuites pénales ». A ces

Blockhaus.

Au Largin — Vue des deux fronts ennemis.

lignes, le commandant ajoute : « Notre service de renseignements a eu vent de cette extraordinaire fausse nouvelle, puisqu'il s'en est occupé il y a déjà une quinzaine de jours. Il est peut-être un peu tard pour la démentir ».

En date du 19 janvier 1915, notre observateur note : « Si, comme il en est question, les Allemands ferment leur frontière aux Suisses à partir du 20, ces derniers sont décidés, par réciprocité, à interdire l'entrée de leur territoire aux Allemands. On est nerveux dans les milieux militaires suisses de la région de Boncourt-Porrentruy, on s'y exerce sans interruption au tir du canon !... » Plus loin, en date du 24 : « Les Suisses, eux, en ont assez des dépenses d'une mobilisation à froid ; ils paraissent à bout de patience; soyons donc attentifs à leurs moindres mouvements »...

On le voit : « Les souvenirs d'Alsace, de E. Fleutiaux » ne manquent pas d'intérêt pour les Suisses. Ceux qui désirent en connaître davantage peuvent se procurer le livre chez l'éditeur : Imprimerie du Corrézien Républicain, à Tulle.

Stabilisation. La Haute-Alsace de 1915 à 1918

Mais revenons aux opérations de guerre proprement dites. A la fin de l'automne 1914, les Français tenaient toute la vallée de la Largue. A la partie supérieure de celle-ci, le Largin, ou Bec de canard, comme l'appelaient nos voisins, était occupé et organisé tel que nous l'avons connu pendant le reste de la guerre.

Plus au nord, le front mordait sur la rive droite de la rivière, traversait les vastes forêts d'Hirzbach-Carspach et passait en face d'Altkirch. De sérieux engagements avaient eu lieu autour de la ville entre les réservistes de la 57e D. R. et les Landwehriens du 110e Régiment. Mais, nous l'avons vu, la position était fortement tenue. Elle resta finalement aux mains des Allemands. Il en fut de même de Cernay. Quoique les Français eussent remporté quelques succès dans les environs, notamment à Steinbach en janvier 1915, après de durs combats, ils ne réussirent pas à déloger leurs adversaires de Cernay et de la forêt de Nonenbrück.

Bref, on peut dire qu'au début de l'année 1915, le front alsacien était définitivement stabilisé. Il ne changea plus jusqu'à l'armistice de 1918. Voyons-le sur la carte. Du Largin suisse, il suivait la Largue, passait entre Bisel et Seppois, laissait Altkirch à 3 km., traversait le canal du Rhône au Rhin entre Eglingen et Bringhoffen, puis se dirigeait entre Thann et Cernay, remontait les Vosges et, en zigzaguant à travers la France, allait s'appuyer à la Mer du Nord vers l'embouchure de l'Yser. Sur une ligne brisée de plus de 700 km., la guerre de tranchées succéda à la guerre de mouvements.

Sauf dans les Vosges, et notamment au célèbre Hartmannsweillerkopf et au Linge en 1915, il n'y eut plus en Haute-Alsace de combats importants. Cela ne veut pas dire que tout danger avait disparu. Au contraire. Cependant, on n'y vit plus que des escarmouches de patrouilles, des coups de main locaux, des fusillades de tranchée à tranchée et des bombardements moins dangereux que bruyants. Installés pour des mois en face l'un de l'autre, les deux adversaires se regardèrent dorénavant comme chien et chat qui se craignent, parce qu'ils ont gardé un souvenir cuisant des coups de griffe ou des coups de dent reçus.

Ils sentaient instinctivement que le sort de l'Alsace se jouait en réalité sur d'autres points de l'immense champ de bataille. Par une sorte d'entente tacite, ils se firent peu de mal, pour en faire le moins possible, peut-être, à la belle contrée que tous deux entendaient garder. Le temps fut employé à consolider la ligne de front et à la rendre inviolable. Chacun s'ingénia à perfectionner, à aménager solidement, puis confortablement, les tranchées et les abris multiples qui se creusèrent dans le sol alsacien. Ceux qui ont eu la bonne idée de visiter, peu après l'armistice, les installations des deux belligérants ont pu faire des comparaisons suggestives entre deux conceptions différentes de l'organisation.

Beaucoup de troupes des 2 partis sont venues monter la garde sur le front alsacien de 1915 à 1918. Bien souvent c'était pour se reposer, « pour s'y retremper au contact de la Terre promise », écrit le gouverneur de Belfort. Et l'on comprend qu'aux yeux des soldats qui sortaient de certains enfers genre Verdun, la Haute-Alsace fût considérée comme un vrai paradis. « Das Elsass war nach Verdun geradezu ein Paradies ». Cette appréciation, je l'ai entendue maintes fois. On la trouve aussi dans les Historiques des régiments qui y ont séjourné. « Nous connaissons une nouvelle forme de la guerre, celle qui consiste à ne pas se nuire mutuellement (wo man sich gegenseitig nichts zuleide tut), écrit en octobre 1917 un officier du 110e Régiment de grenadiers, qui participa à la 1re campagne de Mulhouse. Derrière ou dans les villages du front partiellement habités, la vie a repris son cours presque normal. Nous recherchons les traces de notre passage en 1914 et photographions les vestiges des luttes d'alors. Pour la troupe, c'est un charmant passe-temps ! » (eine schöne Erholung).

Puis, après avoir fait une description idyllique du paysage automnal alsacien, il conclut : « On voit maintenant comment les Français se mutilent (sich selbst zerfleischen) et sacrifient leurs belles provinces du Nord pour les beaux yeux de la Fée alsacienne (um der Fata Morgana des Elsass willen). Que le pays et ses habitants soient d'origine germanique, cela saute aux yeux à chacun. » (Dass das Land und die Einwohner urdeutsch sind, wird einem hier immer deutlicher). [Das 2. Badische Grenadier-Regiment Kaiser-Wilhelm 1. No 110 im Weltkrieg].

Il est clair qu'en ce qui concerne cette dernière affirmation, les Français prétendaient exactement le contraire.

Pauvre Alsace !

Pauvre Alsace, pomme de discorde franco-allemande !

Au moins, la population alsacienne était-elle enfin au bout de son calvaire ? Autrement dit, eut-elle moins à souffrir pendant la période de calme relatif qui succéda à l'orage de 1914 ? Grave question. Si les destructions matérielles et les tueries se raréfiaient, les souffrances morales subsistaient. Pensons aux familles qui avaient des fils, des parents dans les deux Armées ! La fatalité avait voulu qu'elles fussent nombreuses. Quelle vision d'épouvante pour les mères que la rencontre possible de leurs fils ennemis sur un coin du champ de bataille !...

Et l'incertitude, l'angoisse du lendemain ! Et les représailles ! Car, il faut bien le dire, il y en eut inévitablement des deux côtés. Nous les avons vues sévir durement du côté allemand. Le côté français n'en fut pas exempt. Après avoir manifesté un excès de confiance au début de la campagne d'Alsace, on versa peut-être dans l'excès contraire. De nombreux otages furent pris. Il y eut des perquisitions et des arrestations arbitraires, des froissements regrettables, à cause de la langue surtout. Ecoutons l'aveu douloureux du grand patriote alsacien Pierre Bucher. De Réchésy, il écrivait pendant la guerre à un ami : « L'Alsace n'a pas cessé de souffrir. Tiraillés en tous sens, ruinés, affamés, hébétés, nos pauvres Alsaciens ne savent ce que l'avenir leur réserve et gardent quand même, par miracle, la foi en notre victoire... Nous protégeons nos malheureux compatriotes contre l'incompréhension et le mépris souvent invraisemblables de certains chefs français. » (*Pierre Bucher* 1869-1921. Plon, Paris).

Il est certain que des erreurs déplorables furent commises en Alsace pendant et même après la guerre. J'ai eu l'occasion d'entendre à ce sujet de poignants témoignages. Beaucoup, aujourd'hui, sont du domaine public. Je n'en citerai qu'un qui les résume bien.

Au procès de Colmar de 1928, par exemple, un alsacien, M. Serrier, dentiste, est venu faire à la barre des confidences qui révèlent de douloureux malentendus. Accusé injustement d'espionnage au début de la guerre, le témoin qui ne parlait que l'allemand aurait souffert les pires vexations dans un camp réservé aux otages et aux Alsaciens suspects. « Jamais on ne pourra répondre de tout le mal qu'on a fait aux Alsaciens dans ce camp, déposa-t-il. J'avais été traduit devant le Conseil de guerre le 25 janvier 1915, à Tours, pour espionnage dans un train qui avait soi-disant passé à Sarreguemines. Pendant ce temps, mon frère était engagé dans l'Armée française. J'eus honte devant les autres membres de la famille d'être interné dans un camp qui avait une si déplorable réputation, d'autant plus que mon père s'était vaillamment battu dans l'Armée française en 1870. Et tandis que j'étais dans ce lieu infâme, où je faillis être fusillé, mon frère était prisonnier de l'Armée allemande où il fut également accusé d'espionnage. C'était là, Messieurs, conclut-il, au milieu de l'émotion générale, la destinée tragique de notre pays !... »

CHAPITRE VII

LA SUISSE SOUS LA SAUVEGARDE DE SON ARMÉE

En Suisse, après l'émoi et le bel élan patriotique du mois d'août 1914, la vie avait repris son cours presque normal. Confiants en la vigilance de nos soldats, les « civils » travaillaient, discutaient, se plaignaient ou se chicanaient en manifestant leurs préférences. Au front, l'on parlait de tranchées ; à l'arrière, de fossés ! Des industries chômaient. D'autres prospéraient. A quelque chose malheur est bon. La fabrication des munitions apporta un surcroît de travail momentané et un bien-être factice. La main-d'œuvre se raréfiant, on s'en prit à l'Armée. Les demandes de congés se mirent à pleuvoir. Les effectifs fondirent. Pour un peu, on aurait demandé la suppression de cet embêtant service actif. Les embusqués, spéculateurs et profiteurs de tout poil n'étaient pas les moins enragés quémandeurs. Quant aux froussards du début, ils manifestaient une confiance illimitée. Pour eux, la guerre s'était définitivement éloignée de notre frontière. Sans doute, le long de celle-ci,

par intermittence le canon faisait rage. Les avions
des belligérants venaient de temps à autre déposer
leurs bombes incendiaires sur nos cités pour nous rappeler à la réalité. Mais on s'habitue à tout. — La
Suisse ne risquait plus rien. Donc : licencions l'Armée !

Calme trompeur

Nous avons vu que les événements alsaciens sem-
blaient justifier un pareil raisonnement. Mais quelle
erreur pour ceux qui savaient ! Sous les apparences
d'un calme trompeur, le danger rôdait autour de la
Suisse comme en Alsace. La moindre défaillance de
notre part était exploitée. Les services de renseignements de nos voisins suivaient nos faits et gestes,
pesaient nos effectifs, comptabilisaient nos unités
mobilisées. Ils avaient le droit de se préoccuper de la
protection de leurs ailes. Maintenant que s'ouvrent
les archives des Etats-majors, les secrets se divul-
guent. Il y en a beaucoup qui nous concernent et qui
devraient être mieux connus chez nous. On verrait
quels dangers la Suisse a courus pendant cette période
de calme apparent du front alsacien.

Le général Dubail, devenu commandant du groupe
d'Armées de l'Est, nous apprend dans son « Journal
de campagne » que l'E. M. français en 1915 préparait
une offensive en Haute-Alsace. On s'attendait alors
en France à une attaque allemande de grand style.
Des ordres furent donnés pour boucher la trouée de
Porrentruy par un barrage fortifié entre Delle et le

Mont Terrible, afin « *d'arrêter éventuellement une offensive allemande venant de cette direction après violation de la neutralité suisse* ».

Suivent des détails précis sur le nombre et la nature des travaux à effectuer dans la zone Delle-Lomont, dénommée « LIGNE S ».

La « question de Porrentruy » en 1916

Au début de 1916, le bombardement allemand s'intensifia dans la Trouée de Belfort. Le bruit se répandit que l'Allemagne concentrait de nombreuses troupes entre Bâle et Fribourg en Brisgau. La « *question de Porrentruy* » occupa de nouveau les Etats-majors français. Le secteur du Jura bernois était alors gardé par la 4e Division qui disposait de 3 régiments seulement.

Le général Dubail manifeste une certaine méfiance. Ses renseignements ne lui permettent pas de se rendre compte « de la nature véritable des sentiments des Suisses à l'égard de nos ennemis », dit-il. Bien plus, il croit qu'en cas d'attaque allemande par l'Ajoie, l'Armée suisse se retirerait vraisemblablement sur les Rangiers, position qui ne paraît pas disposer d'une artillerie suffisante pour interdire le passage dans la région de Porrentruy. Il conclut au renforcement urgent de la ligne fortifiée Delle-Lomont.

Les troupes de la 4e Division ayant été relevées fin février par celles de la 2e Division, le général

Dubail, note dans son journal, le 7 mars 1916, que le colonel suisse, commandant la 2e Division, lui a fait part de « son désir de s'opposer, le cas échéant, aux forces allemandes qui tenteraient de violer la neutralité de la Suisse ; il nous prie de lui faire connaître l'importance du secours que nous serions en mesure de lui donner. Initiative individuelle à ne pas mépriser, conclut-il, mais question délicate ».

Le colonel suisse mentionné était le colonel de Loys. L'affaire fut soumise au général en chef. J'ignore quelle suite y fut donnée, mais la démarche du « colonel suisse » semble avoir rassuré le général Dubail sur l'attitude de la Suisse en cas d'invasion allemande.

Les craintes des Français à propos d'une attaque allemande en 1916 contre la Trouée de Belfort étaient-elles justifiées ? Certainement. Les Allemands, victorieux en Russie, cherchaient à rompre le front occidental pour en finir avec la guerre mal emmanchée. Falkenhayn, successeur de Moltke au grand E.-M. allemand, envisagea comme objectif d'attaque Belfort ou Verdun. On ne conçoit pas une attaque massive sur Belfort sans violation du territoire suisse. Il est certain que dans le pesage des pour et des contre des 2 projets, l'Armée suisse entra en ligne de compte. Verdun l'emporta. Dans la suite, après leur retentissant échec à Verdun, les Allemands durent se repentir amèrement de leur choix. Quoi qu'il en soit, l'Alsace et la Suisse l'avaient échappé belle !

L'Alerte de 1917
Le Plan H.

Il y eut d'autres alertes en 1917 et en 1918. Celle de 1917 fut particulièrement chaude.

Au début de l'année 1917, on parlait beaucoup, chez nous, et ailleurs, de concentrations de troupes allemandes et françaises non loin de nos frontières. Sur le front alsacien, la 37e et la 52e Division du IIIe C. A. allemand vinrent tout à coup, en janvier, relever les troupes de Landwehr qui s'y trouvaient. Entre le Largin et Altkirch, par exemple, le 109e et le 110e R. I. de Landwehr furent remplacés par le 169e et le 170e R. I. d'élite, qui y demeurèrent pendant 3 mois. Il en résulta un regain d'activité. De part et d'autre, les reconnaissances et les bombardements de tranchées se multiplièrent. On sentait que quelque chose de grave se préparait.

La 2e Division suisse fut subitement mobilisée pour renforcer notre couverture. C'est alors que les Etats-majors français et suisse se concertèrent officielle-ment. Les pourparlers sont encore peu connus. On ne trouve guère de renseignements les concernant que dans les publications françaises actuellement en cours. Ainsi, des ouvrages récents sur le « Service des automobiles et des chemins de fer français pendant la guerre » nous apprennent que nos voisins s'occupèrent à trois reprises de transports d'armées à la frontière suisse. La collaboration des Armées alliées avec l'Armée suisse en cas d'invasion allemande donna lieu à un échange de vues entre le général Nivelle et le général Wille. Sauf erreur, les entretiens eurent lieu à Lausanne au début de 1917. Le général Weygand, chef d'E. M. du général Foch, y représentait la France ; le lt-colonel de Goumoëns de l'E. M. G. parlait au nom de la Suisse. Une convention militaire fut établie pour répondre à l'hypothèse d'une violation de la neutralité helvétique. *Le plan H.* (Helvétie) en réglait les détails. Ce plan d'opérations est donc l'œuvre de l'Etat-major du général Foch, commandant éventuel du groupe d'armées destiné à opérer sur le front suisse. D'après l'ordre de bataille du 28 février 1917, ce groupe devait comprendre trois armées : l'armée de Belfort, l'armée de Besançon et l'armée de Genève. Au début de 1918, le plan H. fut complété par la coopération éventuelle de l'Italie et devint le plan H¹. Cette fois, le transport et la collaboration des troupes alliées étaient prévus sur deux fronts : de Belfort à Genève et du St-Bernard au Gothard.

Pour ne pas porter ombrage à la susceptibilité allemande, l'Etat-major suisse proposa à l'Allemagne l'établissement d'une convention analogue en cas d'offensive alliée à travers la Suisse. Le colonel Sonderegger aurait eu une entrevue à ce sujet avec le général Ludendorff. On prétend que ce dernier répondit aux avances de notre délégué avec une suffisance caractéristique : « A quoi bon ? Quand nous serons chez vous, nous saurons nous tirer d'affaires nous-mêmes ! »

Toutes ces choses mériteraient d'être mieux con-

nues de notre peuple. Il y aurait un livre intéressant à publier sur cette phase de la guerre. Le colonel Feyler et le Lt-colonel P. Martin en ont donné
l'ébauche dans d'excellents articles de la Revue
militaire suisse. (Nos de juillet 1921, sept. 1922,
février 1928).

J'en recommande vivement la lecture aux personnes désireuses de se faire une idée complète du
rôle de l'Armée suisse lors du conflit mondial de
1915 à 1918.

Aux Avant-postes suisses

Pendant ce temps, cette Armée suisse accomplis-
sait sans bruit sa tâche obscure et monotone. Si les
bavards et les ignorants en contestaient l'utilité, nos
soldats se rendaient instinctivement compte que leur
présence à la frontière était d'une impérieuse nécessité. Cette pensée constituait un réconfort quand le
cafard sévissait. Mais quoiqu'il y eut des crises dou-
loureuses, provoquées autant par les abus de certains
chefs que par les bavardages de l'arrière, le moral
des troupes suisses placées aux *avant-postes* fut
toujours excellent. L'occupation de ces parages
était considérée comme une faveur. Presque toutes
les unités de l'Elite de l'Armée suisse s'y sont succédé,
même à plus d'une reprise. On aurait dû également
réserver à la Landwehr un stage tonifiant dans ce
secteur privilégié.

De Bâle à Roche-d'Or, la frontière jurasienne
était jalonnée par des postes d'observation très

connus : La tour d'Allschwyl, la Fellsplatte du Blauen, le Rämel, la cote 999 des Ordons, les Ebourbettes, le Largin, le point 510 et le *B. R.* des environs de Beurnevésin, le 509 de Boncourt, le 930 de Roche-d'Or, etc. Que de souvenirs évoquent ces noms devenus familiers ! Du haut de ces « perchoirs », l'observateur découvrait, par un temps clair, un coin sinon la totalité de la Haute-Alsace.

A l'arrière plan, les Vosges barraient l'horizon d'une ligne bleue, ondulée, sur laquelle l'œil cherchait immédiatement à repérer le sommet du sinistre Hartmannsweillerkopf. A droite, une autre ligne sombre, la forêt Noire, mouchetée de blanc par la falaise d'Istein. Entre les deux massifs, la plaine du Rhin où se profilaient vaguement les hautes cheminées de Mulhouse. A l'extrême gauche, on devinait, dans la brume, les mystérieuses fortifications de Belfort. Au plan intermédiaire, d'autres taches blanches : des villages, et les viaducs endommagés de Dannemarie.

Voilà pour l'ensemble. Quant au premier plan, il différait naturellement pour chaque poste d'observation. A la Fellsplatte, par exemple, on scrutait surtout l'arrière du front allemand dans la vallée de l'Ill. Des troupes nombreuses y manœuvraient à proximité des villages. L'officier observateur parvint à reconstituer toutes les phases d'un exercice des troupes d'assaut (Stosstruppen) qu'il avait suivi au télescope. Cet exercice servit, paraît-il, de modèle à maintes unités suisses en quête de nouveautés !...

Mais plus on se rapprochait du front commun, plus

le coup d'œil des postes d'observation était intéressant. Au point 510 et au B. R. qui dominaient Pfetterhouse et Réchésy, on voyait l'extrémité du champ de bataille comme si on l'eût survolée en avion. Le plan de situation en était d'ailleurs soigneusement tenu à jour par des observateurs spécialistes. L'avant-terrain n'avait plus de secret pour eux. L'apparition des « Drachen » et des « saucisses », les combats d'avions, les bombardements et les coups de main, bref, tous les événements, tous les faits et gestes des 2 adversaires étaient notés dans de copieux rapports journaliers qui, par la voie hiérarchique, allaient s'amonceler dans les bureaux de l'Etat-major général, où s'extrayait « la substantifique moelle ! » — Inutile de dire que ces postes étaient devenus des lieux tabous, sévèrement interdits aux profanes ainsi qu'aux militaires non munis d'une autorisation ou d'une mission quelconque. Il fallait porter à sa coiffure deux larges galons au moins pour y être admis sans autre formalité !...

L'aménagement des postes-frontière se perfectionna à la longue. Dans cet art utile, l'ingéniosité des soldats se donnait libre carrière. On rivalisait d'ardeur pour embellir l'intérieur et l'extérieur de ces baraquements, transformés, parfois, en idylliques chalets de villégiature. Il est regrettable que les plus caractéristiques n'aient pas été conservés après la guerre, et confiés aux bons soins des autorités de villages ou des sociétés d'embellissement de la région.

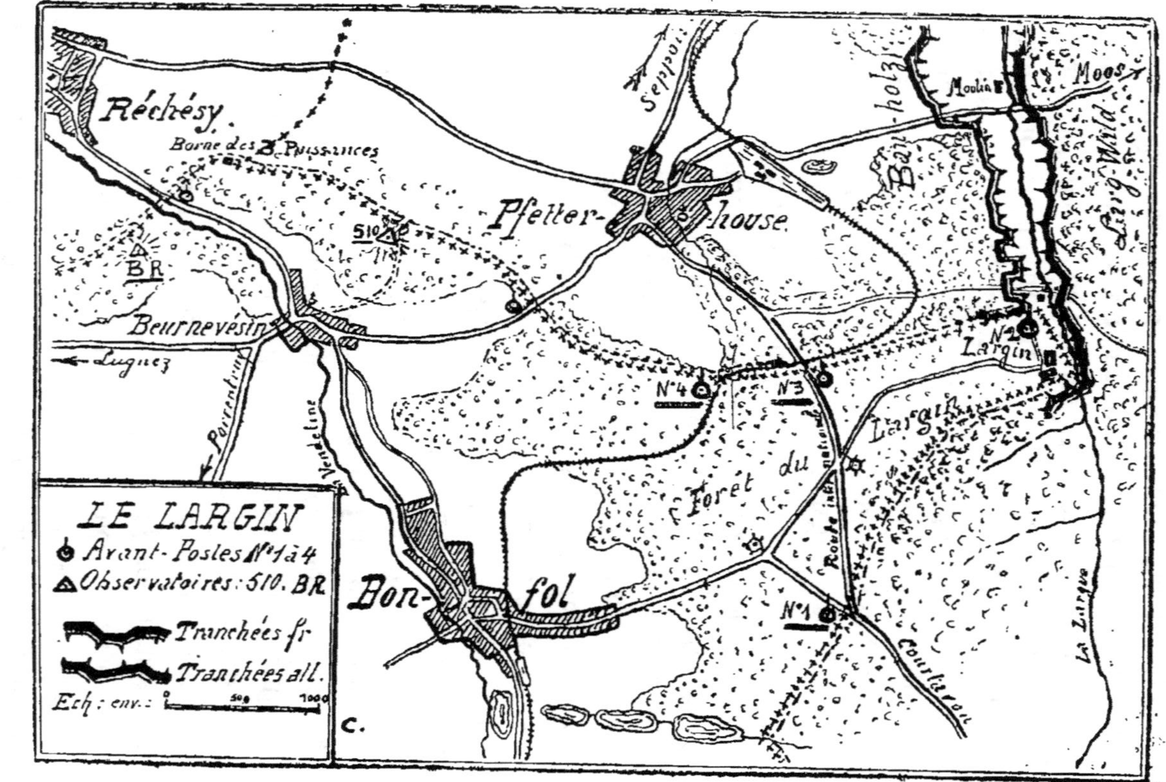

LE LARGIN
Avant-Postes N° 1 à 4
Observatoires : 510. BR.
Tranchées fr
Tranchées all.
Ech : env :
0 500 1000
C.
Réchésy.
Borne des 3 Puissances
Pfetter-house
510 BR
BR
Beurnevésin
Lugnez
Porrentruy
Vendeline
Bon-fol
Forêt du Largin
Route internationale
N° 4
N° 3
N° 1
N° 2
Largin
Courtavon
La Largue
Séppois
Bau-holz
Moulin
Moos
Larg. Wald

Le Largin — Poste N° 2.

Le Largin.

Mais parmi tous ces postes, le plus important, le plus envié, le plus sacré, c'était le Largin ! Mot fatidique, évocateur ! Pour nos soldats, le Largin, c'était le « beau secteur », le point sensible de la frontière que tous ont désiré connaître, occuper, défendre. On sait que là venait aboutir, s'appuyer, l'immense ligne de tranchées dont l'autre extrémité se perdait dans la Mer du Nord. Imaginez le tableau ! « Des centaines de kilomètres le long desquels le sol est remué par la pioche et par les obus, des centaines de kilomètres avec ces guetteurs de place en place, derrière leur créneau, et dans la main la grenade armée ; et des millions d'hommes barricadés, déjà enterrés plus qu'à moitié, et déjà comme s'ils étaient morts et pourtant vivant encore »... (Livre d'or du Bataillon 7).

Le Largin suisse, ou Bec de canard, est une sorte de langue de terre boisée, effilée, qui s'allonge en territoire alsacien. Une route internationalisée avant la guerre, la grand'route transversale Courtavon (Ottendorf) — Réchésy, la coupe en deux. Une autre route longitudinale conduit de Bonfol à la ferme-auberge du Largin située à l'extrémité orientale de la presqu'île. Les troupes du génie avaient entouré celle-ci, en 1914, d'un solide réseau de fil de fer barbelé, et construit quelques blockhaus ou fortins qui commandaient les routes et chemins d'accès. Un grand arbre servait d'observatoire.

Les compagnies qui occupaient le secteur du Largin détachaient 4 postes d'officiers ou de sous-officiers.

Le poste N° 1 surveillait la sortie S. E. de la route internationale, front Ottendorf. A quelques mètres en face, les sentinelles allemandes montaient la garde derrière une haute barrière en fil de fer, traversée par un courant électrique, pour empêcher les désertions. A l'autre issue de la route barricadée, le poste N° 3 faisait front aux Français qui occupaient Pfetterhouse. Ici, pas de haute barrière. Une ou deux sentinelles françaises, le fusil en bandouillère, se promenaient nonchalamment dans une attitude qui n'avait rien de gourmé, encore moins de provoquant. Le poste N° 4, plus à gauche, en pleine forêt, barrait un sentier et la voie ferrée hors d'usage Bonfol-Pfetterhouse, à sa sortie du territoire suisse. Sur le haut talus où perchait la sentinelle suisse, des rails rouillés entre lesquels l'herbe poussait dru. En face, personne !...

Le poste N° 2, le vrai Largin, à l'extrémité nord, était placé exactement au point de jonction des 2 fronts. Un blockhaus servait d'abri aux sentinelles en cas de canonnade ou de fusillade rapprochées. Tout près, une barraque à moitié démolie par le bombardement du 13 octobre 1914. Plus bas, les ruines du Moulin du Largin incendié par les Français. De chaque côté de la Largue, petite rivière qui serpente au milieu de l'étroit vallon, 2 lisières de forêts hérissées de fil de fer barbelé et de tranchées, françaises à gauche, allemandes à droite. En avant, au milieu des hautes herbes, se dissimulaient des postes d'écoute adverses, poussés à quelques mètres les uns des autres.

Un poste unique au monde. Quand vous y arriviez, une émotion involontaire vous poignait. Et de se sentir là, debout, en curieux, couvert par le drapeau à croix blanche, épié par des centaines d'yeux invisibles, une sorte de malaise vous gagnait... « Bovard de Lutry (la sentinelle) regarde cette maison ruinée et ces forêts blessées, toutes rousses en plein été, et ce vallon de la Largue..., ce vallon désert où poussent des herbes folles, terre qui n'est à personne... Vient la nuit. Bovard a son fusil, au bout la baïonnette, et derrière lui le pays qui dort... Voilà une fusée qui semble, étoile filante, descendre du ciel : le pays devient livide, une mitrailleuse dit sa longue phrase ; une autre lui répond dans une autre langue ; puis c'est une grenade qui met le gros point final de son explosion à cet entretien tragique. Le silence qui suit alors, après que l'espace a absorbé tout le bruit, et la forêt les échos, ce silence laisse une place immense aux réflexions »... (Livre d'or du bataillon 7).

A quelques pas du poste N° 2, dans l'auberge évacuée, le gros de la section ou de la compagnie de garde logeait en cantonnement d'alarme. Sa tâche n'était certes pas une sinécure. Jour et nuit des alertes tenaient nos gardiens en haleine. Le passé, dans ce lieu mystérieux, était lourd d'incidents et de responsabilités... Des bruits étranges couraient : La nuit, des patrouilles des 2 partis rampaient dans les hautes

herbes... Parfois, un fil parasite se greffait fraudu-
leusement sur nos lignes téléphoniques pour sur-
prendre des secrets... Certain matin, les Français
avaient trouvé les 2 guetteurs du poste d'écoute
décapités au fond de leur trou... etc., etc... !

— Sentinelles, prenez garde à vous !

En réalité, il fallait redoubler les appels au calme,
au sang-froid de nos soldats. Les vieux excellaient
dans l'accomplissement de leur consigne. Les jeunes
créaient souvent des embarras. Cela me rappelle une
intéressante expérience. Des recrues ayant terminé
leur instruction avaient rejoint mon bataillon stationné dans les parages du Largin. On en forma une
section par compagnie. L'une d'elles prit à son tour
la garde du poste N° 2. La nuit suivante fut très agitée. Nos jeunes sentinelles multiplièrent les « Qui
vive ? » et les coups de feu contre d'imaginaires
apparitions, provoquant ainsi d'intempestives alar-
mes. Il fallut remplacer les bleus trop impression-
nables par une section de vieux lascars qui s'en van-
tèrent fort !...

Souvenirs !

— O souvenirs déjà lointains et pourtant si vivants, combien vous m'êtes chers !

Combien de choses vues, de beaux rêves, de flirtages avec les voisins, d'incidents comiques ou touchants, d'aventures tragiques sommeillent au fond des cœurs de milliers de nos soldats ? Qui donc les recueillera, ces souvenirs, avant qu'ils s'évanouissent, avant qu'aient disparu ceux qui les ont connus ? Certes on n'y trouvera pas des récits de hauts faits glorieux, de prouesses héroïques, des visions de batailles homériques... Néanmoins, je suis certain que leur évocation constituerait une page émouvante de notre histoire militaire. Qui donc écrira ce beau livre du Largin, le « Livre d'or des frontières ? »

En attendant, pour terminer ces pages, je me permets d'évoquer un de ces menus faits, qu'il faut avoir vécus pour en ressentir la troublante et persistante impression.

C'était le 1er août 1916. Mon bataillon avait alors l'honneur d'occuper le fameux secteur Beurnevésin-Bonfol-Largin. Notre fête nationale fut célébrée dignement, derrière le front. Afin que nos soldats de garde aux avant-postes, et leurs voisins des tranchées, eussent aussi leur part de joie, j'envoyai et j'accompagnai la fanfare du bataillon au Largin. La consigne était formelle : pas de morceaux tapageurs, de marches belliqueuses ; quelques mélodies patriotiques de circonstance. Là, dans cette forêt mystérieuse où se répercutaient les sinistres échos de la bataille, à deux pas des tranchées allemandes et françaises, nos musiciens entonnèrent l'Hymne national, suivi de la Prière patriotique de Jacques Dalcroze :

> « *Seigneur, accorde ton secours*
> *Au beau pays que mon cœur aime...* »

Et alors, les coups de feu cessèrent comme par enchantement. Un silence religieux plana sur ce coin du champ de bataille. La grande ombre de la Patrie parut se pencher maternellement sur nos soldats et sur les vaillants combattants qui défendaient la leur, comme pour leur verser un peu de réconfort, de joie, un peu de cette paix après laquelle tous soupiraient...

Ce 1er août 1916 restera un des souvenirs les plus émouvants de ma carrière militaire...

Au retour, vers le soir, je longeais la frontière hérissée de fils de fer où venaient s'appuyer les tranchées françaises, quand, tout à coup, un sous-officier français surgit devant moi et, la main à la visière de son casque : « Commandant, me dit-il, au nom de mes camarades, merci ! » Puis, après quelques secondes, dans un cri du cœur : « Ah ! vous autres Suisses, vous en avez de la veine ! »

Ces paroles, je les ai rapportées à nos soldats... Dans les moments de découragement, quand le service paraissait trop aride, les sacrifices trop durs, la paix trop loin, elles constituèrent un rappel salutaire...

Eh bien ! oui, le sergent français avait raison. Nous, Suisses, nous avons eu « de la veine » de ne pas connaître les tueries, les deuils, les ruines, les maux inouïs qui ont si durement meurtri nos infortunés voisins. Et c'est pourquoi nous ne saurions être trop reconnaissants envers la Providence qui nous a protégés. Une parcelle de cette reconnaissance doit aller à l'Armée qui fut son instrument. Aujourd'hui que le danger est passé, ce n'est pas très chevaleresque de lui contester ce mérite. Beaucoup de nos concitoyens l'ont compris. De nombreuses et belles œuvres de solidarité témoignent de leur gratitude et de leur sympathie pour nos soldats.

La Sentinelle des Rangiers.

Là-haut, aux confins du Jura, face à l'Alsace, la « Sentinelle des Rangiers » (1) rappelle aux générations présentes et futures que, pendant 4 années tragiques, des milliers de soldats suisses ont accompli fidèlement, sans éclat ni gloire mais aussi sans défaillance, le plus grand des devoirs civiques. Et sur le granit du monument que des mains reconnaissantes ont élevé à la mémoire de ces soldats, au dévouement de l'Armée tout entière, je voudrais

---

(1) Ce beau monument, œuvre du sculpteur l'Epplatenier, est dû à l'initiative du Comité de la Société Jurassienne de Développement, et spécialement à son dévoué président, M. le major Joray de Délémont.

La Sentinelle des Rangiers.

voir gravés les beaux vers qu'un de nos poètes lui
dédia au commencement de la tourmente :

« Le canon gronde à tes oreilles,
Le sang coule au pied de ton mur ;
Là-haut, on lutte ; ici tu veilles,
Soldat muet, soldat obscur.
Reste immobile, ô sentinelle,
Des mois, des ans, le jour, la nuit ;
Meurs, s'il le faut, simple et fidèle,
Héros qui n'a jamais fait de bruit ».

G. DE REYNOLD.

— Aux soldats connus ou inconnus de cette Armée,
aux chers camarades de « la Vieille Garde », à mon
tour je dédie ce livre.

Puisse-t-il aviver dans leurs cœurs et dans ceux
de nos successeurs l'amour de la Patrie et la flamme
du Souvenir !

1er août 1929.

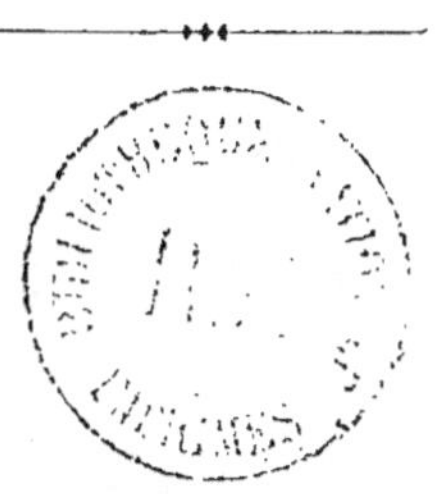

TABLE DES MATIÈRES

CHAPITRE I
Avec l'Armée suisse

CHAPITRE II
Les secrets des E. M. de nos grands voisins

CHAPITRE III.
La Guerre !

CHAPITRE IV.

Le Drame alsacien

La 1ʳᵉ expédition de Mulhouse

CHAPITRE V.

Le Drame alsacien

La 2ᵉ expédition de Mulhouse

CHAPITRE VI
Flux et reflux

CHAPITRE VII
La Suisse sous la sauvegarde de son armée